I0751216

RECVEIL DES PLVS
EXCELLANS
VERS SATYRIQVES
DE CE TEMPS.

Trouuez dans les Cabinets des Sieurs de Sigognes, Regnier, Motin, qu'autres, des plus signalez Poetes de ce siecle.

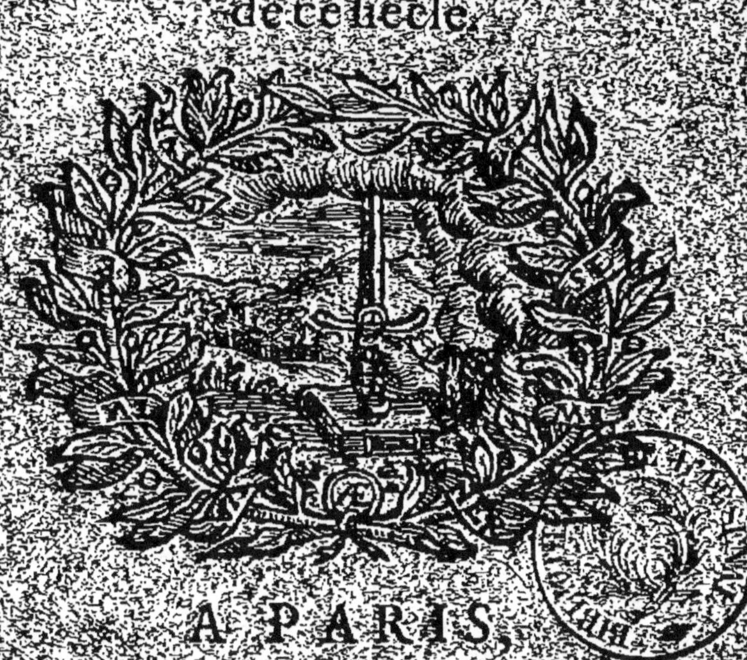

A PARIS,
Chez ANTHOINE ESTOC au Palais, en la gallerie des prisonniers, prés la Chancellerie.

M. DC. XVII.

Auec Priuilege du Roy.

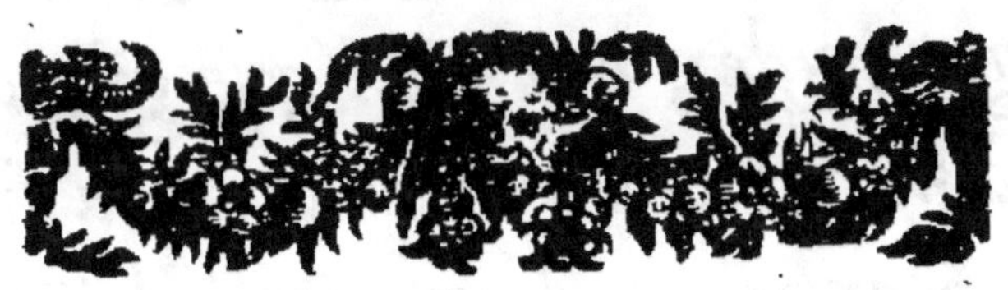

AV LECTEVR.

TON desir & ta curiosité sont contentees en ce present qui t'est fait icy (Amy Lecteur) Qui sont les vers picquans & Satyriques des Sieurs de Sigognes, Regnier, Motin, & autres Poëtes excellans de ce siecle, que la rareté auoit si long-temps tenus dessous les ombres d'vn morne silence, & qui pour estre trop chers à ceux mesme qui leurs auoient donné naissance n'en vouloient obliger le public, redoutant son ingratitude, qui bien que grande ordinairement ne me donnera suiet neantmoins de releuer de loüanges, les personnages dont ie te parle: Car ce faisant ce seroit en amoindrir la gloire, qui porte leurs merites écrits en l'Eternité, à la prononciation de leur seul nom. Te suffise donc de sçauoir, que c'est ce dequoy tant de gallands esprits ont parlé, & ce que tant de belles ames ont souhaitté, qui se presente à toy, & que tu verras sans aucun manquement, tout ce qui est sorty de risible & de iouial de la plume des plus beaux esprits de la France. Et pour t'en faire iouyr auec plus de contentement, mon soing à esté de remettre en leur premier estre & vraye intelligence quelques pieces qui ont esté cy deuant imprimees, manques & defectueuses en leurs plus naifues parties, & d'en rechercher d'autres nouuelles dans les coings les plus retirez des cabinets, tant des chers nourrissons des Muses, qui ont cy deuant vescu plains de gloire, que de ceux qui tous les iours les caressent encore, à fin que les plus superbes Monarques s'éternisent par elles en cest Vniuers : Neantmoins encore que cela soit (Lecteur) i'ay vne apprehension en mon ame, en te faisant le present que ie te faicts, qui est que quelques visages seueres ou hypocrites censeurs (qui semblent des Curies, peut-estre viuent en

Epicuriens) ne reprennent de libre franchise, & de trop de lasciueté, les autheurs des pieces que tu pourras lire icy, qui leurs respondront pour moy, & moy pour eux, ce que Pline disoit en pareil cas à de semblables qu'eux:

Nostre vers est lascif: mais
nostre vie est bonne,
Le vice estant cogneu, librement
s'abandonne.

C'est ce qui monstre la laideur du vice, que le découurir, & parler franchement de sa salleté, c'est rompre ses charmes & sa lubricité; A tel suiet Apulee, Petrone, & milles autres qui ont librement parlé sans déguiser matiere, & bien que leur

Muse fut recogneuë lasciue, leur vie se trouuoit exempte de reprehension: Iuges-en le mesme de ce liure, & de ses Autheurs, qui le presentent à ton beau iugement ou intention de découurir par luy l'effronterie & l'vsage trop commun de la volupté, & non pour en embrasser les sales plaisirs & la brutalité. Ce qui fera que par le premier tu trouueras mon present vtile, & par le dernier plus nuisible que delectable. Mais soit que ce soit (Lecteur) si mon labeur ne t'est agreable, ne iette tes yeux sur ce liure, à fin de le lire, ou bien si tu me faits la faueur de le lire, faits-moy pareillement celle d'oublier ce que tu auras leu, ou si tu ne l'ou-

blies supportes-en amiablement les defaux, ie t'en coniure: Car aussi bien n'est-ce qu'vn passe-temps de Carneual, que ie te presente, & qui (soit que tu vueilles, ou ne vueilles pas) ne sera autre chose que ce qu'il est. Adieu.

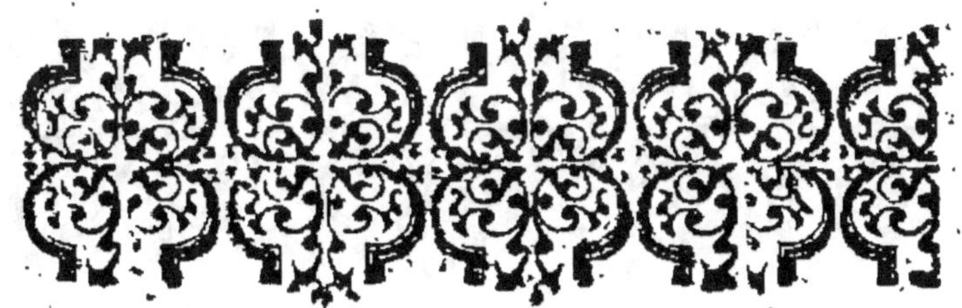

SVR LE PRESENT LIVRE.

QVATRAIN.

VOus autres que l'Amour
regarde de trauers:
N'ayans rien que de flasque
au dedans de vos chausses,
Pour vous remettre en goust,
venez lire ces vers:
Car c'est vn pot-pourry, qui a
de bonnes sausses.

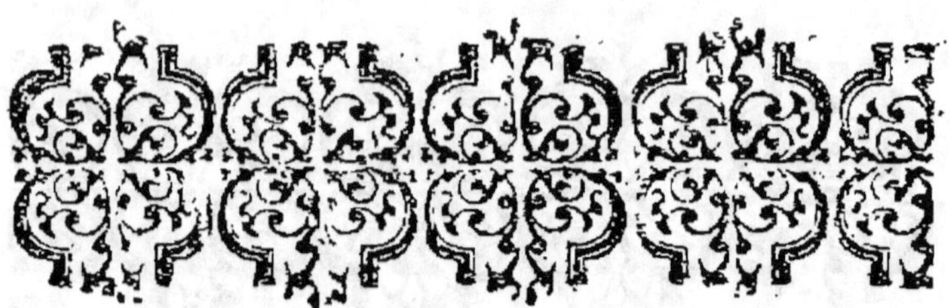

AVX DAMES.

DAmes qui tombez à lenuers:
Aussi tost que l'Amour vous touche,
Ne niez en lisant ces vers,
Que l'eau ne vous vienne en la bouche:
Veu qu'il n'y a baille-le-goust,
Qui puisse auoir vn tel ragoust.

Priuilege du Roy.

LOVYS, Par la grace de Dieu, Roy de France, & de Nauarre. A nos amez & feaux Conseillers, les gens tenans nostre Cour de Parlement de Paris, Preuost dudit lieu, Seneschaux de Lyon, Poictou, ou leurs Lieutenans, & à tous autres nos Iuges & Officiers qu'il appartiendra, Salut. Nostre bien aymé Anthoine Estoc, marchand Libraire en nostre bonne ville de Paris, nous a humblement fait remonstrer, qu'il a auec fraiz recouuert vn liure intitulé, *Recueil des plus excellans Vers Satyriques de ce temps: Trouuez dans les Cabinets des Sieurs de Sigognes, Regnier, Motin, qu'autres, des plus signalez Poëtes de ce siecle.* Lequel liure il desireroit Imprimer, ou faire Imprimer, vendre & distribuer: mais craignant qu'apres auoir fait les fraiz qu'il conuiendra faire pour ladite Impression, quelqu'autres marchands Libraires & Imprimeurs le voulussent aussi Imprimer, ou faire Imprimer: Ce qui feroit le fruſtrer du fruict qu'il eſpere de ſes labeurs, & luy faire receuoir perte & dommage. Nous pour ſes cauſes, & autres conſiderations à ce nous mouuans, deſirans que ledit Eſtoc ne ſoit fruſtré de ſes peines & trauaux, luy auons permis & permettons iceluy liure Imprimer, vendre & diſtribuer en ceſtuy noſtre Royaume, en tel volume & caractere que bon luy ſemblera, & cependant l'eſpace de ſix ans, à commẽcer du iour que ledit liure ſera acheué d'Imprimer, ſans que pendant ledit temps aucuns autres le puiſſent Imprimer, vendre, ny diſtribuer en tout & par tout ceſtuy noſtre Royaume, ſans le conſentement dudit Eſtoc, & ce à peine de cinq cens liures d'amende, applicables moytié aux pauures, moytié audit ſuppliant, & confiſcation de tous exemplaires qui ſe trouueront d'autre Impreſſion, & de tous deſpens dommages & intereſts. Car tel eſt noſtre plaiſir, nonobſtant oppoſitions quelsconques. Donné à Paris, le 12. d'Octobre 1616. Et de noſtre regne le ſeptiéme.

Par le Conſeil.

Signé, De Verneson.

RECVEIL

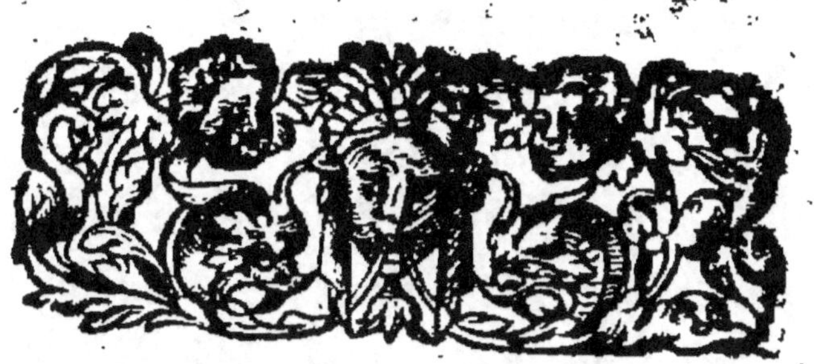

RECVEIL DES PLVS ECCELLENS VERS SATYRIQVES DE ce temps.

Satyre contre vne Dame.

Par le Sr. Motin.

C'Est doncques maintenant l'vsage,
De porter le cul au visage,
Qui ne sēt ne rose ne musq:
Hors d'icy vieille mameluë:
Car si jamais ie vous saluë
Ce sera par' bout du busq.

Vers satyriques.

Que i'entre en vostre gueule salle
Comme un sachet dans une malle,
Si onques vous m'y retenez,
Qu'ayant fait en vilaine sorte,
Puante comme une cheure morte,
Mes affaires sous vostre nez.
Double canon, pipe de biere,
Ventre de tonne, & de litiere,
Visage d'un gros vilain cul,
Y a t'il rien si effroyable
Que les cornes d'un miserable
Que vous faites souvent cocu?
Vaisseau rond pour aller en guerre,
Contre un gallion d'Angleterre
Qui n'est chargé que de poix,
De naueaux, de cardes, d'estoupes,
De feues, de nantilles, & soupes,
De milliers de coques de noix.
Petard renforcé de culasse,
Y a t'il plastron, ny cuirasse,
Casque, gabion, mantelet,
Rauelin, terrasse, muraille,
Pourpoint, gantelet, iaque, & maille,

Que vous ne faussiez d'un seul pet?
Les places en sont balliez,
Les toilles en sont déployez.
Dont les Moulins tournent souuent,
Les roües en branlent aux coches,
Vitres en sonnent comme cloches,
Et les nez en hument le vent.
Ainsi que rats en pleine grange,
Vn regiment de poux vous mange,
Gros comme griues & Pinsons,
Et les puces en abondance
Vont dessus vous en la cadence,
Graisses autant que des Oysons.
Vous établissez la coustume
De porter au dos lict & plume,
Sur les fesses couppe de four,
Dessus les tetins gibecieres,
Aux gras des iambes raboullieres,
Et dessus le ventre vn tabour.
Du cul vous sort le vent de bise,
Qui fait voller vostre chemise,
Et les auirons pour ramer,
Sont vos pieds droicts cõme vne vire,

Vers satyriques.

Vostre derriere est le nauire
Et vostre vrine en est la mer.

L'hostesse de l'Escu de France
Vous le quitte en apparence,
Comme au grand brochet le gougeon,
Les poulets aux cocqs de bagages,
La carcelle aux cannes sauuages,
Et l'éparlan à l'estourgeon.

Des orgues maistresses pedalle
Sur tout vous n'auez d'egalle,
A vostre métier ce dit l'on,
Iugeant l'effect par l'apparence,
Et maudit soit qui mal y pense,
Il faut vn honneste pilon.

Comme Cerf à la Magdelaine
Vous auez graisse toute plaine,
Et rat au temps de venaison,
Moustarde, peteuse, fessüe,
Retirez vous le nez vous süe
Et le lard n'est plus de saison.

EPIGRAME.

ANne ne sçauroit marmotter
Ny le Credo ny la Pater,
Qu'auec vn chappelet d'ebeine,
Marie en veut vn de corail,
Et Catherine vn de cristail,
Lucrece vn de dent de Ballaine,
Lise qui sçait mieux la façon
Leur fait à toutes la leçon,
Et dit, filles mal entendues,
Est-il de meilleur chappelet
Que deux grosses coüilles pendues
Au col d'vn gros V. de Mulet?

SONGE.

Par le Sr. de Sigognes.

IE pensois la nuict en dormant
Que c'estoit vous asseurément
Qui m'estiez en songe apparüe

Car le fantosme que c'estoit,
Hideux comme vous, sentoit
L'odeur de la vieille moruë.
Ainsi le port, ainsi les pas,
Ainsi la iambe, ainsi le bras,
L'air du corps, la taille & mine;
Et sembloit cette image icy,
Comme vous semblez bien aussi,
Vn baston vestu d'estamine.
Comme vous les yeux il auoit,
La mesme couleur s'y trouuoit,
Du serpent qui vos yeux encerne,
Vn grand front de teste de mort,
Vn grand villain nez de butort,
Vn grand visage de guiterne.
Il est vray ieu peur cette fois,
Ie fis vn grand signe de crois,
Croyant que cette image blesme,
Fut vn esprit desesperé:
Mais l'ayant bien consideré,
Ie conneus que c'estoit vous-mesme.
Pourquoy me venez-vous troubler,
Portant fantastquement par l'air,

Vostre corps ou bien vne feinte,
Est-ce pour retirer mes vœux,
D'vne pour qui i'ay plus de feux,
Que pour vous ie n'ay eu de crainte?
Vous rendez mal le bien receu;
Car i'ay sceu ce que i'ay sceu
De vostre large decoupure,
Qui coule vn flux rouge & blanc,
Comme la bouche d'vn estang,
Nuict & iour sans cesse pure.
I'ay iugé que tout estoit feint,
Sçachant que de face & de teint,
Sembliez les costes de baleine,
Et le corps si secq vous auez,
Qu'à faute d'humeur ne pouuez
Fianter deux fois la sepmaine.
Vous estes l'ouale & le point,
C'est vous qui ne dependez point
En presens tous remplis de gloire,
En ieux, en banquets, & en dons;
Mais en sauon & en lardons,
Pour faire des supresitoires.
Bien que souuent par vanité,

Vers satyriques.

Plus que par liberalité
Vous faciez vne bonne chere,
Tous les morceaux que vous mangez,
Sans estre en aliment changez
Deuiennent fiel, bille, & collere:
Car si vous venez de disner
On ne le sçauroit deuiner,
Vostre bouche n'est point humide
Et vos costez secqs comme bois
Estans heurtez auec les doigts
Sonnent creux cõme vn tõneau vuide.
Alors que l'Ange rigoureux
Contre le Prophete amoureux
Porta la vangeance celeste,
Il luy laissa le triste choix
Pour sa peine vne de ces trois,
La guerre, la faim, ou la peste.
Dieu vous vueille à l'heure enuoyer
Puis qu'on voit en vous déployer
De ces trois la charge inhumaine,
Au ventre la faim & l'horreur,
Aux yeux la guerre & la fureur,
Et la peste à la chaude haleine.

GAVDE MICHY.

Par le S[r]. de Sigognes.

L'On m'a dit que le plus souuent,
L'amour vous cõtraint en resuāt
De faire à l'enuers la grenoüille,
La nuict par vos ardents regrets
Et les doux mysteres secrets
De vostre doigt qui vous chatoüille.
Mais ie me plains que tout le iour
Fuyant mesme le nom d'Amour,
Vous contrefaitte la doucette,
Cependant que toutes les nuicts
Vous prenez des nouueaux déduicts
Auec vn manche d'épousette.
Mais vn cloud qui se détacha
L'autre des nuicts vous écorcha,
Dont vous faites si triste mine,
Que vous allez tout dédaignant
Pouuant à peine en rechignant,

Retenir l'eau de vostre vrine.

Vne autre fois il faut choisir
Le lieu, le temps, & le loisir
Pour vous resiouir à vostre aise,
Vsant de ces bastons polis
Dont vous arrangez les gros plis
Et les boüillons de vostre fraise.

Ceux de veloux ne coulent pas,
Ceux de satin deuiennent gras,
Et sont tendres à la cousture,
Ceux de verre en leur chaleur
S'ils se cassoient par vn malheur
Esgratigneroient vostre nature.

Si vous en prenez vn de fer,
Auant qu'il se puisse eschauffer
Il ne fera rien qui vous plaise:
Mais ie me trompe en cet endroit,
Car aussi tost il se fondroit
Comme dedans vne fournaise.

Mais il vaut bien mieux pratiquer
L'amour mesme, sans se mocquer,
Sans aimer l'ombre de son ombre,
Et sans par vn ébat nouueau

Vous ioüer de quelque naueau,
Ou d'vn auorton de concombre.
Ce n'est pas ainsi qu'il vous faut
Contenter vostre endroit si chaut,
Qui d'vne feinte ne s'abuse,
Et qui pourroit en vn moment
Allumer dans vn regiment
Toutes les mesches d'arquebuse.
Ny se tromper de la façon
De celle qui pour vn garçon
Embrassoit souuent vne femme,
Et qui mourant de trop aimer,
Ne trouua qu'au fonds de la mer
Vn remede à sa triste flame.
Vous n'attendez qu'vn mary neuf,
Quelque veau pour deuenir beuf,
Qui vous oste ce nom de fille,
Et tenant clos comme vn vallon
Craignant l'enfleure du ballon,
Vous vous ébatez d'vne quille.
Mais quiconque soit le damné,
Vostre mary predestiné,
Bien qu'il n'espouse qu'vne beste,

Vers satyriques.

Heureux il sera le cocu,
Au moins si vous auez le cu
Außi leger comme la teste.

ODE.

Par le S^r. Motin.

DAns le fonds tenebreux,
En l'horreur du silẽce ombreux
Aux fosses des morts heritieres
Le demon fatal est nourry,
Qui d'vn corps relent & pourry
Se plaist dedans les cimetieres.
Sous les charongnes d'allentour
Des peaux d'Orfraye & de Vautour,
Il couuroist son épaule étique,
A my-corps sortant du tombeau,
Et pareil au chant d'vn corbeau,
Poussa cette voix prophetique.
Ie t'attends, Monstre, ie t'attends
Ambitie n'est-il pas temps

Que d'vn bras ſanglant tu détaches
De ton corps l'eſprit furieux,
A fin que ton ſang glorieux
Arroſe mes ſalles mouſtaches?
Que fais-tu ſur terre, ſinon
Que rendre execrable ton nom,
Par ta vie à iamais maudite?
Que fais-tu, perfide animal,
Que ſemer au monde le mal
Comme Cerbere l'Aconite?
Attends-tu qu'vn trépas tardif
Saiſiſſe ton corps maladif,
Ou qu'il ſoit battu de tempeſte,
Ayant comme vn mont ſpacieux
Le cœur en feu, la pluye aux yeux
Et la neige deſſus la teſte?
Ces oyſeaux qu'on appelle amours
Te feront dedans peu de iours
Comme à leur cheuéche la guerre,
Et tes yeux en nuicts conuertis
Par le froid & l'âge amortis
Reluiront comme vn cul de verre.
Combien lors de ſoucis diuers,

Seront en figure de vers,
Bourreaux de ton âge debile:
Combien de regrets superflus
D'auoir esté & n'estre plus,
Te seruiront d'vne Sibille?
Combien de puantes odeurs,
Reliques de salles ardeurs,
Desia te rendent homicide,
Pires que celle qui sortoit
Du pied de celle qui portoit
Les fatalles fléches d'Alcide.
Et s'il est vray que les demons
Hument l'air, ayant des poulmons,
Ils ne t'ont pas sentie encore:
Car tout l'enfer t'iroit suiuant
Pour viure de l'air & du vent
Qui de ton corps s'euapore.
Dessus ta froide puanteur
De toy me donnant la senteur,
I'auois emprainte dans mon ame,
Aux autres l'amour gracieux
Dans le cœur entre par les yeux,
Mais par le nez entra ma flame.

Amant qui estois le premier
Chery de ce viuant fumier,
Il faut que tu quittes la place,
Ie veux en la forme d'vn loup,
Ou d'vne taulpe, ou d'vn hibou
Aller voir la laide carcasse.

Ie veux aimer ce corps hideux.
Et qu'vn fils sorte de nous deux,
Ou d'elle, ou du prince des mousches,
Qui preside au poinct seulement
Qu'vn homme rend son excrement,
Comme Lucine fait aux couches.

O bouche d'enfer, le iardin
A qui l'ail sert de muscadin,
Cent mille baisers ie t'apreste,
T'enbausmant de parfums nouueaux,
Qui feront mourir les oiseaux
Qui volleront sur vostre teste.

Ma Venus aux cheueux d'airain,
Au front comme vn foudre serain,
Pour graces prends les trois furies,
Cerbere pour ton Cupidon,
Et pour cypre ie parfaiz don.

De l'empire sur les voiries.

Ie veux que cent chauues-souris,
De couleur d'ardoise & de gris,
Portant en tous lieux ta litiere
Faite en forme de monument,
De rateliers & d'ossement,
Et des ais d'vne vieille biere.
D'vn pendu les volans drapeaux,
Agité du vent & des eaux,
D'vn corps enterré le suaire
Ie te veux pour linge bailler,
Pour d'vne robbe t'habiller,
Ie te donne vn drap mortuaire.
Terre, enfer, ciel sur nous courant
Loüez moy d'aller adorant
Ce corps fils aisné du merite:
Car n'estant rien que fiction,
Si tout naist de corruption
Tout naistra du corps d'Amelite.
Ce corps peut d'humeur remplir,
Et de sa matiere accomplir
De choses viuantes sans nombres,
L'air d'infinis amours semer,

De Monstres la terre, & la mer,
L'enfer de fantosmes & d'ombres.
Ainsi le demon discourut,
Et porté d'amour accourut,
Pour enleuer la malheureuse:
Mais les destins au cœur d'aimant
Refusoit à cet Amant,
Le bausme à sa playe amoureuse.
Car il estoit predestiné
Qu'Amelite ayant tout donné,
Pauure & laide allant de l'eau vendre
Sur sa teste vn pot balençant,
Et qu'vn laquais le renuerçant
De regret s'en allast pendre.

GALIMATIAS.

Par le sieur de Sigognes.

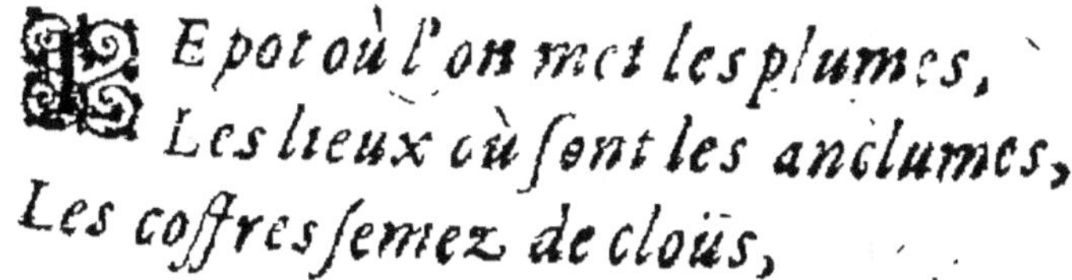

LE pot où l'on met les plumes,
Les lieux où sont les anclumes,
Les coffres semez de cloûs,

Les chemins, les cimetieres,
Les monts & les fondrieres
N'ont point tant d'aise que vous.
Les castelongnes, les houppes,
Les plumes & les étouppes,
Les oreillers de velous,
Les heures & les mitaines,
Les peaux de vautours & laines,
Sont bien plus fermes que vous.
Les vieils cacques de moruës,
La tannerie & les ruës,
Les priuez communs à tous,
Les dents à moitié pourries,
Les fiens & les voiries,
Sentent bien meilleur que vous.
Vne chienne, vne tygresse,
Vne chatte, vne singesse,
La femelle entre les loups,
Vn macquereau passé maistre,
Les nouices hors du cloistre
Sont bien plus chaste que vous.
Vne veufue, vne nourrice,
La trippe d'vne saucisse,

La chausse d'un vieil ialoux,
Et les guaines roturieres,
Des cousteaux de ses tripieres
Sont pucelles comme vous.

TRADVCTION d'Horace.

Par le sieur de Sigognes.

C'Est assez, ma belle, il est temps,
Nous deuons estre assez contents,
Tresue à l'amoureuse guerre,
I'ay mal au cœur, i'ay mal aux reins,
Ie suis tout malade, & ie crains
D'estre vn iour suiet à la pierre.
Demain ie cracheray du sang,
L'haleine me bat dans le flanc,
Tastez que le front me degoutte,
Il est mal aisé que l'exez
Ne me cause vn fieureux accez,
Et ne me fasse auoir la goutte.

Puis les galants iniurieux
Qui me verront rouges les yeux,
Le front défaict & la peau morte,
Pourront bien demander pôurquoy,
Et facilles à croire de moy,
Sentiront mon halleine forte.

A demain, ma belle, à demain,
Ie vous prie ostez vostre main,
Maintenant elle me dégouste,
Tout cela ne vous sert de rien,
Ostez-vous, ma belle, aussi bien
Ie m'en vais faire banqueroutte.

Ie me suis auiourd'huy fâché,
Et dés que ie me suis couché,
Soudain i'ay senty la migraine:
Mais ce qui beaucoup plus me cuit
C'est qu'estant sans bonnet de nuit,
Ie crains qu'vn caterre me vienne.

Mais causons encore vn petit;
Car pour me donner appetit
Il me faudroit bien d'autres sausses,
I'ay froid aux pieds, i'ay froid au nez,
Et ma foy vous m'importunez,

Adieu ie m'en vas prẽdre mes chausses.

EPIGRAME.

Voicy Ieanne la mal peignee,
Qui n'est iamais sans corcelet,
Et qui faignant l'embesognee,
Fait d'vne bague vn corcelet,
Elle est seiche comme vne ruche,
Mal faite comme vne guenuche,
Eloquante comme vn garçon,
Adioutez à tant de merueilles,
Que la belle est pauure de C
Comme vn asne est pauure d'oreilles.

SATIRE, SVR LA CRAINTE du Cocuage.

Par le sieur de Sigognes.

PLusieurs craignent comme prison
De viure aux loix de mariage,
Et n'en sçais point autre raison,
Que la crainte du cocuage.
Crainte dont l'esprit est attaint,
D'vn trauail presque insupportable;
Car c'est bien en vain que l'on craint
Si le mal n'est ineuitable,
C'est alambiquer son cerueau,
Que d'empécher le cours du Tibre:
Car le con fait passage à l'eau,
Et l'eau veut son passage libre.
Ceste crainte d'estre cocu,
Rend l'homme si sot & si best ,

Que le con va d'aupres du cul,
Luy porter le mal à la teste.
Il tremble, il fremit de douleur,
Chaud comme feu, froid cõme glace,
Faisant son Roy & son bon-heur,
De bien conseruer cette place.
Doute il que qu'elqu'vn la fout,
Qui mette en garde cette femelle,
Il craint qu'on n'en vienne à bout,
Qu'il place garde & sentinelle.
La tient-il ore entre ses bras,
Elle ne peut-estre plus seure,
Il est mesme ialoux des draps,
Du lict & de la couuerture.
Bref ie croy fort asseurément
Que l'homme en cette resuerie,
Ne pense en son entendement,
Que C. que V. que fouterie.
On ne sçauroit dire en effect,
La cause de ces craintes nostres,
Fors qu'on dict qu'il nous sera faict
Comme nous auons fait aux autres.
Mais si cela se peut prouuer,

Beaucoup courrent meſme ſortune;
Car à peine peut on trouuer
Quelqu'vn qui n'ait foutu quelqu'vne
Par là donc eſtant conuaincus
Sans chercher d'autres témoignages;
Ceux qui auront fait des cocus
Seront ſuiects aux cocu-ges.

QVATRIN.

Par le ſieur Motin.

QV'on ne ſe mocque deſormais,
Pour cocu qu'on ne le difame,
Hé! le pauure homme n'en peut mais,
Il ne l'eſt que de par ſa femme.

TESTAMENT DV Verolé.

Par le sieur de Sigoignes.

PAillards dignes du mal qui vous
rend desolez,
Tres-illustres baveurs, precieux ve-
rolez,
Approchez de ce lict où la galle me
mange,
Faites venir icy tout ce troupeau
choisi,
Ie veux leguer le bien dont ie me
sens saisi,
Puis que ie suis forcé d'en faire la
vuidange.
Vieilles filles d'Amour qui n'auez
plus de dents,
Maquerelles de nom qui n'allez sur
vendants,

Comme vn morceau friant, vn reste de gens-d'armes,
Approchez de ce lict, ne craignez pour mon mal,
Vous n'en mourrez iamais: car il vous est fatal,
De pendre à vn gibet ou passer par les armes.

Amenez auec vous ces morceaux releuez,
Par qui ie sens icy mes membres (angrauez,
Ces pucelles de nom, ces filles de Marolle,
Ie les recognoistray les voyant seulement,
Leur tallon est petit, grand est leur instrument,
Et la moins entachee est pleine de verolle.

Yurongnes approchez, vous estes du complot,
Au festin apresté vous aurez vostre lot,

Et vous prendrez plaisir à goûter cette farce,
Vous tasterez du vin dont ie vay m'abreuuant:
Vous en auez tasté on ne voit pas souuent,
Vn paillard sans bouteille, vn yurongne sas garce.
Laquais faites seoir ces gens, arrangez-vous autour,
De ce lict emplastré laides filles d'amour,
Aprochez vous de moy, maquereaux, maquerelles,
Maquereaux c'est par vous que ie commenceray,
Vos moustaches auront Noli me tangere,
Et tout autour du col vn bandeau de croüelles.
I'entends que sans repos vous cultiuiez ce don,
Qu'on vous torche le col, sans vous faire pardon,

A ce chancre malin ne sachiez plus
que faire,
Que vos maux sans cesser fassent
croistre vos maux,
Que vous soyez tousiours gissant sous
les trauaux,
Autant digne de vous que de l'A-
potiquaire.
Ie laisse à celuy là qui fut si diligent (argent,
De me frotter cinq fois auec du vif
Tout ce que i'ay craché que i'entends
qu'il aualle,
A fin que quelque iour on luy graisse
le corps,
Et qu'au lieu de verolle attaché par
dehors,
Il soit mangé dedans d'vne fâcheu-
se galle.
Page, allez moy querir ce barbier
insolent
Qui dit que ce trauail n'estoit point
violent,

Et qu'il le porteroit auec plus de constance,
Ie veux que pour salaire il ait part au butin,
Et qu'vn chancre tout noir luy ronge l'intestin,
Et deux rouges poulains luy pourrissent la pance.

Filles ne pleurez plus, c'est pour vous ce morceau,
Par vous ie deuiens homme & ne suis plus puceau,
Il me doit souuenir de ce grand benefice,
I'en seray cognoissant, il sera guerdonné,
Ie vous laisse le bien que vous m'auez donné,
Qui est la cristalline ou bien la chaudepisse.

Ie ne suis point ingrat, celle qui me priera
Sera mon heritiere & par moy receura,

Le gros & le menu du bien qui me
trauaille,
Elle aura souuenir d'vn si rare bien-
fait,
Et te faisant accroistre ainsi que ie
l'ay fait, (paille.
En fin elle mourra ladresse sur la
Encore ayez des biens il m'en re-
ste beaucoup,
Vieilles approchez-vous ie vous don-
ne le loup,
Qui gourmand ne veut pas pardon-
ner à ma iambe,
C'est peu pour tant de gens qu'vn
present si petit,
Ie veux pour contenter vostre ardent
appetit,
Que le feu sainct Anthoine inces-
samment vous flambe:
Approchez-vous d'icy monsieur le
medecin,
Ie vous garde vne part, vous aurez
le farcin,

Rare gage qu'Amour me donna pour
estreines;
Et à fin qu'apres tout on ne demande rien,
Ie donne encore vn legs à mon Chirurgien,
Le poulin qui porta mon corps à saincte Reyne.
Ie voy chacun ioyeux, laquais ne pleure point,
Tu as trop de richesses aux plis de mon pourpoint,
Cent regiments de poux seront sous ton enseigne,
Tu me les as laissez, à fin de les auoir,
Ie te les donne tous & selon mon pouuoir
Ie veux que de surcroist on te donne la taigne.
Ores ie parle à vous valeureux Champions,
Vostre gain est appert, cent mille morpions,

Qui m'ont mangé le poil & dissipé la barbe.
Vous n'estes pas trop mal à ce coup partagez,
Et pour mettre dehors ses petits en-(ragez,
Armez contre leur corps la fureur d'vn vieux barbe.

Or sus, c'est fait des biens, il faut parler du corps,
Si tost que la chaleur se poussera dehors,
Quoy qu'il soit ie deffends qu'on me couche sur terre,
I'entens que dedans vous ie trouue mon tombeau,
Que vous l'aliez mangeant d'vn gosier de corbeau,
Et beuuiez à longs traits tout le fiel qu'il enserre.

Vous froncez le sourcy & feignez ne m'ouyr,
A manger le morceau qui vous doit esiouyr:

Tost, tost, chacun s'auance à dresser
son potage,
Hé! quoy les Sagontins à demy dé-
confis
Appaiserent leur faim en deuorant
leurs fils,
Et si n'esperoient point vn si grand
heritage.
Aussi chacun de vous en prenne
son loppin:
Faites-en ressentir le frere Iacobin
Qui me confessera & que rien ne se
perde;
Mais ie n'ay point laissé mon mal de
fondement,
Ie le laisse à celuy qui lit mon Te-
stament,
Et à qui l'entendra, ie luy laisse ma
merde.

B v

LE CONSTIPE'

D Epuis cinq ans i'ay consulté
Des medecins la faculté,
Ils m'ont fait prendre des clistaires,
Et des boüillons apperitifs,
Et si auec tous ces outils,
Ie n'ay peu faire mes affaires.
L'vn d'eux pour en donner raison
Accusoit l'air de la maison,
Mes appetits trop volontaires,
Et mille autres menus fatras,
Qui font (dit-il) qu'on ne va pas
Si librement à ses affaires.
Mais vn autre des plus barbus,
Me dit, monsieur, ce n'est qu'abus,
Non seulement les Sedentaires,
Ains tous ceux des autres mestiers,
Ne peuuent plus en nos quartiers,
Faire tant soit-peu leurs affaires.
Quelque sorcier fin & accord,

Peut-estre y a ietté son sort,
Charmans les vertus ordinaires
De nos remedes laxatifs:
Car au lieu de nous estre vtils,
Ils gardent d'aller aux affaires.

Plusieurs officiers constipez,
Ayant de nos vieux recipez
Pillé tous les plus beaux misteres,
Et pris quelques petits balus,
Y ont gaigné vn vilain flus,
Au lieu d'y faire leurs affaires.

C'est pourquoy leurs tailleurs ne font
Aux chausses qu'vn demy plain fond,
Pour les chausses accidentaires,
A quoy souuent on est contraint,
Tesmoin la Dame au pasle teint,
Qui fait en plain bal ses affires.

D'autres ont voulu se lascher,
A fine-force de mascher
Des racines de Commissaires;
Mais tels remedes deceuants,
Ne leur ont donné que des vents,
Et n'ont sceu faire leurs affaires.

Quant à moy pour n'en rien celer,
Ie ne sçaurois que conseiller,
Tant les pratiques sont contraires,
Et les remedes incertains,
Aux malades qui se sont plains,
De n'aller point à leurs affaires.

Ie ne sçais quelques bons cerueaux,
Approuuent des cornets nouueaux,
Inconneus aux porte clistaires:
Mais l'vsage en est hazardeux,
Et ie que connois aucuns d'eux,
Qui ayent bien fait leurs affaires.

Quant aux vsages d'interests,
Debtes r'emboursement de prests,
Et le tout mis par inuentaires,
On a deffendu d'en bailler
A tous ceux qui souloient aller
Par ce moyen à leurs affaires.

Il est vray que les lauements
Faits d'estats & d'appointements,
Sont sur tout au mal necessaires:
Mais ce sont morceaux reseruez,
Pour les seigneurs que vous sçauez,

Pressez d'aller à leurs affaires.
Pour les coliques passions,
L'on fait estat des pensions,
Et aux douleurs plus mortiferes,
Les dons d'Extra non anciens,
Aydent tres-bien les patiens,
Qui veulent faire leurs affaires.
Toutefois ie n'en connois point,
Qui se soient gueris de tout point,
Auec ces drogues salutaires,
Tant on les baille rarement,
Si ce n'est vn grand seulement,
Qui fait quand il veut ses affaires.

D'YSABEAV.

QVATRIN.

IL faudroit pour faire vn tombeau,
Dont Ysabeau ne fait que rire,
Monter sur elle, & puis escrire,
Icy dessous gist Ysabeau.

A CLAVDINE.

Faites estrecir vostre chose,
Car mon V. grossir ie ne puis,
Qui au lieu que dire ie n'ose,
C'est vne corde dans vn puis.

Vne Dame parle.

I'Ayme à voir ces portraits que l'on peint aux murailles,
Dont seulement l'obiect émeut nos appetits;
Mais ie ris de ses foux & de tous ces canailles
Qui les peignent si grands & ils sont si petits.

ODE.

Par le sieur de Sigognes.

PVis qu'afin que chacun en rie,
Vous voulez que l'on vous marie,
Celuy qui suit vostre putin,
Qu'il l'aye puis qu'il la demande,
Faut vne Dame de lauande,
A ce beau Cheualier de thim.

Cresté comme vne tarte en pomme,
Voyez le ioly petit homme,
Gourmé dans son miste collet,
Superbe en son fraizé plumage,
Comme vn petit cocq de bagage,
Dessus la crouppe d'vn mullet.

Vous serez mariee i'en iure,
A vne Nimphe de mesure,
De taille & de poil comme vous,
Et plaines comme vne carrotte,
Vous en pourpoint & elle en cotte,

Vers satyriques.

Dedans la bordure d'vn houx.

Liez-vos cœurs (beau couple) d'herbe,
Auec le lien d'vne gerbe,
Et d'osier faites vos anneaux,
Apres taillez à coups de force,
Et puis frottez d'vn peu d'amorce,
Seruirez de perche aux oyseaux.

A PHILON.

Par le sieur de Mesadoire.

PHilon si tant est que l'honneur,
Desoblige tous les gensdarmes,
Et que sur vn braue entonneur,
Mes marroquins iettent des larmes,
Allant en housse sur les Carmes,
I'accompagneray le sonneur,
Qui reduit en souppe les charmes,
Ausquels Rolland dans les allarmes
Fonda le point de son bon heur.

Il est vray que si les marchands
Arrachoient les dents en la foire,
Comme ces trouppes de méchans
Qui meurent faute de memoire,
Le galemart d'une écritoire
Feroit teste aux glaiues tranchans
De ces guenons dont la victoire
Ne consiste pas tant à boire,
Qu'à giboyer parmy les champs.

Ha! quel estrange creue-cœur,
De voir les peuples de l'aurore,
Faire profit de ce mocqueur,
Que toute la Pologne honore,
De ce Dieu qui debteur de Flore,
N'en fut pas si tost le vainqueur
Qu'on ne vit le riuage More,
Reduire en paste le Remore,
Qui leur fit tant de mal au cœur.

Ce seroit en vain de conter,
Les miracles des hallebardes,
Le Persan s'est veu surmonter
D'vn cheual chargé de ses bardes,
Puis le sang ruissellant des cardes,

Sur lesquels ont voulu monter,
Toutes les pucelles gaillardes,
Faisoit le procez aux paillardes,
Que la iustice veut dompter.
Il est bien vray que la beauté,
Transformant la biere en vandange,
N'est encor' de telle bonté,
Que les tableaux de Miquel-Ange,
Et que le chalant qui se mange,
Au parc de la felicité,
N'est point aux beurrieres estrange,
Comme le courtisan qui change
Les plaisirs en seuerité.
Sur tout si les Crauequinieres,
Eussent festoyé les fontaines,
On n'eust pas veu les quartiniers
Se laissir frotter sans mitaines;
Mais de tirer à nos quintaines,
Pour faire amas de grands deniers,
Ce sont des choses si hautaines,
Qu'en moins de quarante huictaines,
On serroit tousiours des derniers.
Il ne me suffira donc icy

De tesmoigner que la vaillance,
Aux docteurs regens de Quercy,
N'apprend pas à courir la lance,
Et que de toute l'excellence
Qui nous donne tant de soucy,
Rien n'est beau, comme la ballance,
Que d'vne lame de vallance,
Fist vn bourgeois de Commercy.

D'VN BEGVE.

VN Begue voulant d'vne Dame
Les bonnes graces acquerir,
Et luy monstrer l'ardante flame
Dont Amour le faisoit mourir,
Estant au bout de sa harangue,
Ne pouuant remüer la langue,
Il eut recours à son outil,
Puis le monstrant d'yeux & de geste,
Madame, excusez-moy (dit-il)
Ce porteur vous dira le reste.

COMBAT D'ANNON & de Merüe.

Par le sieur du Gayuerger.

SATYRE.

VEstu du tout à la friscade,
Ie venois de la pourmenade,
Du Mail qui est au bord de l'eau,
Lors que passant par vne rüe,
Ie vis deuant l'huis d'vn bordeau
Le combat d'Annon & Merüe.
Annon cette folastre garce
Qui fait tousiours vne grimace,
A ceux-là qu'elle aime le mieux,
Et de qui le dos porte-malle,
Ne se voit iamais enuieux,
De son deuant farcy de galle.
Or pour décrire sa posture,
Elle estoit lors contre-nature;

Car iettant le feu des naseaux
Elle sembloit à ses furies
Que l'on peut voir en ces tableaux,
Remplis de meurtre & de tueries.
Ainsi, mais non tant enragee,
Pour se ressentir outragee,
Sur Merüe aux yeux rebordez,
Au menton velu comme une ourse,
Et aux tetins noirs & ridez,
De roideur vint faire une course.
Elle la prend droit par la teste,
La connoissant mauuaise beste,
Puis serrant les poings & les dents,
Elle vous la frotte & la cogne,
Si bien que lors les regardans
Virent bien tost changer sa trogne.
Merüe qui se voit surprise,
Et qu'Annon use de main-mise,
Sur elle pour la bien frotter,
Ne sçait si c'est elle ou les Diables
Qui la viennent pour emporter,
En leurs enfers plus effroyables.
Elle voit sa coiffe enuollee,

Elle ſe voit deſcheuelee,
Et couchee au fonds d'vn ruiſſeau,
Elle voit auſsi drus que greſle,
Les coups de poings ſur ſon muſeau
Venir enſemble peſle-meſle.
Elle voit qu'eſtant atterree,
Annon qui la tient enſerree,
Sous ſes genoux demy fangeux,
L'eſtrille de telle maniere,
Qu'au port au foin l'on voit vngueux
Dourder ſur vne lauandiere.
Voyant cela donc elle taſche,
D'animer ſon courage lâche,
Ce qui fit qu'en ſe debattant,
Elle ietta de deſſus elle,
Annon qui l'alloit frottant,
Mieux qu'vn torchō fait vne eſcuelle.
Cela fait elle ſe releue,
Et comme vn crocheteur en greue,
S'en vint iurer la mercy-Dieu,
En diſant à ſon aduerſaire,
Qu'elle la vouloit en ce lieu,
Eſtrangler en le pouuant faire.

Ces mots sortis de sa grand bouche,
Pour commancer son escarmouche,
Sur la pauure Annon se ietta,
Et pour premiere victoire,
De tels soufflets l'époussta
Qu'elle luy meutrit la mâchoire.

Outre plus elle luy deschire,
Sa coiffe & son bandeau de cire,
Qui courrut le mesme danger,
Son moulle mesme en la meslee,
Qui se vit aussi deloger
Monstra qu'Annon estoit pelee.

Comme donc d'estoc & de taille,
Ses garces se donnoient bataille,
Vn chercheur de méchans drapeaux,
Vn crieur de pommes pourries,
Et vn vendeur de gros naueaux,
Se trouuent à leurs batteries.

Et apres eux vn Commissaire
Qui n'auoit pas beaucoup d'affaire,
Vint d'azard à passer par là,
Ce qui causa que ces deux garces,
Ayant oüy parler de cela,

Et fuyant finirent leurs farces.

RENCONTRE D'AMOUR à Gilon.

TV sçais qu'aux halles l'autre iour
Ie trouuay dans vn carrefour,
Qui est pres de la fripperie,
Vne fille d'hostellerie
Amy Gilon tu le sçais bien,
Ton iugement suiuit le mien,
La belle estoit claire brunette,
Sa face gentille & sadinette,
Ses cheueux noirs, son œil aussi,
Dessous vn recourbé sourcy,
De sa taille elle estoit greslette,
Et toutesfois assez refaite,
Entre gras & maigre embempoint,
Quand au reste, assez bien empoint,
D'vne robbe noire accoustree,
Le corps droict, la chausse tiree,
Le soulier à cliquet au pied,

Le

Qui auoit depuis vn peu
Reduitte desia comme en feu,
Mon ame à elle assuiettie,
Il la veit, nous faisons partie
D'aller à Vanue & y passer
Quelques iours pour nous reposer.
Nous l'y menons & auec elle,
Perrette passablement belle:
Mais dedans son ventre elle auoit
Ie ne sçay quoy qui luy leuoit
Vn peu plus haut que la ceinture:
Au reste, Gilon, ie te iure
Qu'elle auoit d'assez beaux attraits,
Les cheueux blonds & le teint frais,
Teteins durs, la cuisse charnüe,
De cette courtaude fessüe,
Ma Lienarde s'accompagnoit;
Mais Lienarde me dédaignoit,
Voyant du Gast de qui la face,
La fraicheur des roses efface,
Les leures le teint des œillets,
Fraischement cueillis vermeillets,
La cheuelure crespellee,

Et de poudre d'iris meslée,
Son parler n'est rien que desir,
Son regard n'est rien que plaisir,
Le premier les Amours emmielle,
Et l'autre vivement estincelle,
Ce qui rendit le cœur transy
De Lienarde au noir sourcy,
Qui aussi de son œil enflamme
Dugast jusques au fond de l'ame,
Ce qui le fait tost m'accoller
Affin de Lienarde quitter.
Verger (me dit-il) je te prie
Pour l'Amour tant & tant cherie,
Que jamais je t'ay veu jurer,
De ne vouloir la desirer,
Moy que jamais l'Amour trop forte
Hors de la raison ne transporte,
Je n'y pretends, dis-je, plus rien,
Elle est à toy garde la bien:
Car Verger n'aura jamais chose,
Que Dugast d'elle ne dispose.
Grandes graces il me rend,
Et par la main il me la prend.

Et fait d'elle ce qu'il desire,
Sans que plus rien l'y aspire;
Voila comment de la Cypris,
Les simples chats sont souuent pris,
Et que l'Amour souuent offence,
Celuy-là qui le moins y pense.

SATYRE,

Par le sieur du Gayuerger.

INspire-moy, Muse drolesque,
De tracer auec vn pinceau
La mine du tout bouffonnesque,
D'vn folastre & sot damoiseau.
C'est vn beau fils que la nature
Eust fait capable de l'Amour,
Si lors qu'il nâquit, Mercure
Ne luy eust fait vn esprit lourd.
Mais toutesfois pour auantage
Ayant les traicts du corps fort beau
Cela fait paroistre en cet âge,

Que les plus beaux sõt les plus veaux.
Et pour en monstrer vn exemple,
C'est qu'imitant les courtisans,
Celuy qui le voit & contemple,
Pour seur le croit estre hors de sens.
Marchant à grands pas par la rüe
Comme vn hardy fils de putin,
Leue les pieds comme vne grüe,
Faisant criqueter son satin.
Vestu comme vn homme fantasque
De gris ou de blanc plus souuent,
Il donne tousiours vn attaque
Au Prince d.s sots Angouleuent.
Le beau manteau sur vne espaule
Le fait par Paris brauacher,
Botté comme Amadis de Gaule
Qui va les pauez cheuaucher.
Sa barbe de pure filace
Et plus pasle qu'vn iaulne dœuf,
L'effroy, l'épouuante, & menace
Les étrons du bord du Pont neuf.
Sa teste faitte en pot à bëurre
N'est pleine de rien que de vent,

Et son œil sert tousiours de leurre
Au Gredin qui le va suiuant.
Son neZ sent l'escornifler ie,
Sa bouche l'Epicurien,
Ses deux oreilles l'asnerie,
Et sa façon un vray vau-rien.
En fin tout son geste & sa mine,
Sa pasle & liuide couleur,
Le font ressembler Iean Farine,
Quand il badine, ou bien la Fleur.
Son discours remply de foucades,
Est un cocq à l'asne si plat,
Qu'en ses amoureuses boutades,
L'on iuge mesme estre un gran fat.
Et tout ce qu'il a qui contente
Les courtisanes de Cypris,
C'est que son cat-ze à tous il vante,
Estre des plus beaux de Paris. (toüille,
Discours qui iusqu'au au cul cha-
Toutes les garces du bordeau,
Qui l'aiment plustost pour sa coüille,
Que pour luy voir un beau museau.
Là le plus souuent il preside,

C'est dãs les bordeaux que i'entends
Où il sert à beaucoup de guide
Affin qu'ils y passent leur temps.
Là le chappeau sur vne oreille,
Et le pourpoint déboutonné,
Iure que s'il ne fait merueille
Qu'il veut estre à l'heure damné.
Mais si l'on luy parle de mettre
Quelque pistollet en la main,
Au Diable vous ne verrez estre
Rien de si sot que mon vilain.
Il a prou de caquet & de baue,
S'il ne faut venir à l'effect,
Sinon il contrefait le graue
Comme vn gros cul sur vn retraict.
Mais metons-nous sur sa noblesse
Qu'il dict, faisant du fiolant,
Venir d'vn Amadis de Grece,
Non de Roger ny de Roollant.
Vrayement oüy ie le confesse,
Qu'il a quelque peu de raison;
Car il peut tirer de la graisse
L'extraction de sa maison.

Encore si cette insolence
De son orgueil cessoit le cours,
On croiroit son insufisance
Estre cause de ce discours.
Mais faire mille autres sottises,
Blasmer des Dames l'honneur,
C'est où il met ses mignardises,
Et là où gist tout son bon-heur.
Dire qu'il a la courtoisie,
Des plus que parfaites beautez,
Et qu'il les met en fantaisie,
Ce sont là de ses vanitez.
Aller dedans les Thuilleries
Y paranympher ses amours,
Ce sont de ses effronteries
Qu'il fait paroistre tous les iours.
Auoir la manche retroussee,
Et au bras vn faux braccelet,
Ruminer dedans sa pensee,
Le moyen d'auoir vn poullet.
C'est à quoy l'on voit destinees,
Les meilleures heures de son temps,
Croyant bien passer les iournees,

C'est le salaire que se donne
A celuy qui fait le bouffon.

Qui tranche par tout du bravache,
Et rend les niais estonnez,
Mais qui pleure comme une vache
Lors que l'on luy coupe le nez.

Et si apres cette iustice,
Il retourne encore une fois
En son orgueilleuse malice,
Il aura la fleur de nos Rois.

Toy doncques, ô esprit volage,
Ne me regarde de travers,
Ou tu verras à ton dommage,
Quel est le pouvoir de mes vers.

Apprends seulement à conduire
Plus sagement tes passions,
Et desormais de ne plus nuire,
A aucun par tes actions,

Ou bien sinon pour te respondre
Avec plus d'animosité,
Ie porte dequoy te confondre
Tousiours l'espee à mon costé.

LE NEZ DE Claudine.

Toy qui as un nez en la face,
Ou plustost du nez une place,
Nez (le diray-je nez ou non?)
Ouy nez, mais un nez de guenon,
Nez montant si peu sur la bouche
Que tu pourrois prendre une mouche
Contre le mur sans l'offencer,
Et sans tant soit-peu le froisser,
Nez de morveaux une fontaine,
Nez d'où sort une telle haleine
Que de la gueule d'un retraict,
Ne sort pas un air plus infect:
Ayant ce nez si beau Claudine,
Ayant un tel nez de Poupine,
A tous propos tu m'etourdis,
Et me iurant Dieu, tu me dis
Que tu es chaste & saincte femme,

Sans nulle tache de diffame:
Que tu ne sois femme de bien,
Diable emporte qui en dit rien,
Encore si ie te disois telle,
Apres tu te dirois pucelle,
(Comme ie croy) voire à bon droit,
Si ce n'est qu'honte te seroit:
Neantmoins serois-tu pucelle,
Si pucelle peut-estre celle
Qui se contient femme de bien,
Quand nul ne la presse de rien.

DE LISIS.

Lisis tu es ieune & dispos,
Sain & beau, mais à tout propos
Tu nous parles de ta Fleurie,
Et veux qu'à elle on te marie,
Vrayment il ne tient pas à toy:
Car soir & matin ie te voy
Aller & venir apres elle,
Comme si c'estoit chose belle,

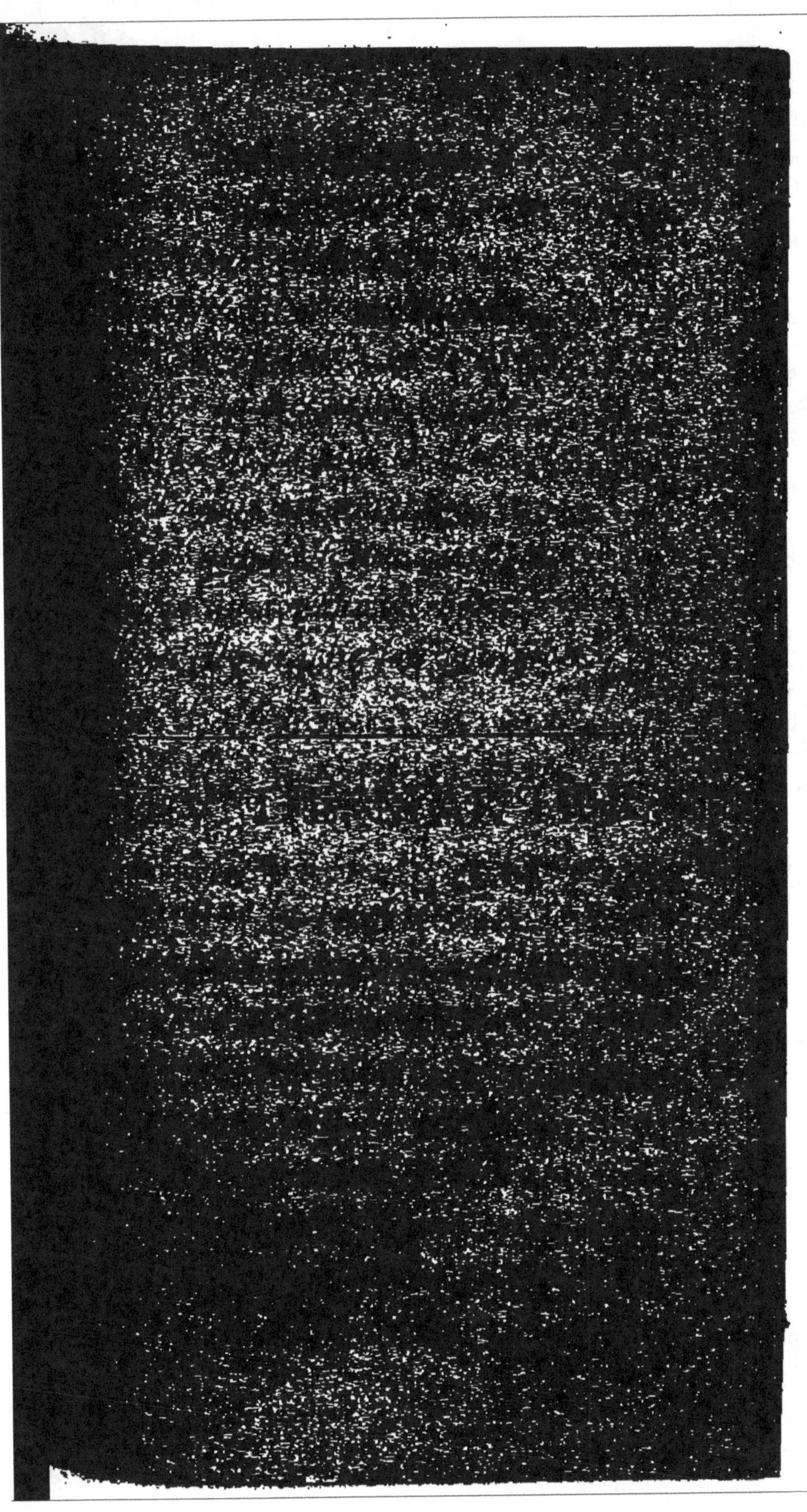

Vers satyriques.

Quittant le ieu de Pallas,
Ou celuy là de Cithere,
Viuant des Ciprins esbats.
Et quelle grand' merueille est-ce,
Si pour la belle Cypris,
Elle te quitte, Deesse,
Te iugeant comme Pâris?

QVATRINS.

A la bonne Rose.

Vous faites d'vn triste dédain,
La femme saincte & resoluë,
Monstrez le creux de vostre main,
Vous l'estes si elle est veluë.
Maudit soit celuy qui vous flatte,
Voire qui flatter vous voudroit,
Vous seriez tres-bonne Aduocatte,
Vous n'aimez rien tant que le droit.
Ceux qui vous disent huguenotte
Sont tous excommuniez.

Car tant que vous estes deuotte,
Tousiours l'espargez maniez.
Mais il ne se faut courroucer,
Elle est foible non pas peruerse,
On ne la peut si peu pousser
Qu'elle ne tombe à la renuerse.
Vous estes amante debonnaire,
Et vous offrez à tous venant,
Ceux qui ont auec vous affaire
Ont tous leur cas incontinent.
Ne tirons point au doigt mouillé,
Pour iouër à cligne mussette;
Mais iouons au Roy depouillé,
Puis nous iouerons à la fossette.
On vous dit volage en amours,
Pource qu'un seul ne vous contente,
C'est constance d'aimer tousiours,
Et pource ie vous dis constante.

DE LA FVYARDE Colette.

Petite pouliche farouche,
Mais pourquoy de tes yeux peruers,
Me regardant tout de trauers,
Ne souffres-tu que ie te touche?
Comme vne genisse qui saute,
Tu sautelles par les prez vers,
Tu te pers ensemble & me pers,
Et le tout par ta seule faute.
Ne m'estimes tu qu'vne souche,
Crey tu que ie ne sçache rien?
Si fay, si fay, ie m'entend bien
A mettre les mors en la bouche.
Ie sçay tres bien comme l'on dresse
La cauale qu'il faut choyer,
La domptant sans la rudoyer,
I'en sçay la façon & l'adresse.
Ie sçay manier à passades,

A sault, à courbettes, à bond,
A toutes mains, en long, en rond,
Et ie ne craindray tes ruades.
Arreste pouliche farouche
Modere ta course & ton cœur,
Aprend si ie suis bon picqueur,
Et prend le mors dedans la bouche.

A NACQVET.

TV as l'ame contrefaicte,
Nacque, comme tu as le corps:
Car en la forme de dehors,
Du dedans l'image est portraicte.

DE COLIN.

LE bon Colin estoit au lict couché
Atteint au vif de fievre continue,
Pour auoir aux Dames trop touché

Vers ſatyriques.

Au bon Colin la fievre eſtoit venue,
Il ſe ſouuint du prouerbe qui dit,
Prenez du poil du chien qui vous
mordit,
Sa garde il prend toute vieille edentee
Qu'il iette bas, & de force iettee,
Il la trauerſe vne fois ou bien deux,
De part en part en ſon lieu d'entre
deux
Et tellement que par cet effort roide,
Donne la fievre à la vieillotte froide,
Qui lors la ſent. Quoy? cette guariſon
Vous ſemble étrange: hé! qu'euſt il peu
moins faire,
Que des Docteurs en ſuiuant ſa raiſon,
Guerir le chaud, par le froid ſon con-
traire?

A AGNES.

Tu as au front un peu de cicatrice,
Lequel, Agnes, tu tiens tousiours
couuert,
Ne caches rien, on pense plus de vice,
Au mal caché, qu'au mal qui est ouuert.

DE VENICE.

On te fait grand tort, Venice, ô
De te reprocher l'auarice,
Ils ont menty, les médisans,
Qui s'en vont ainsi t'accusans,
Pour te rendre deshonnoree,
Que tu es chiche & resserree,
Ils te donnent ce faux renom,
Encor que ie sçache que non,
Car le plus souuent à l'espreuue,
Ouuerte & large ie te treuue.

PRIAPE A MARIE.

Pourquoy ieune sotelette,
Ainsi te ris tu seulette?
Praxitelle n'y Scopas,
Ny Phidie ne m'ont pas
Fait tel que me vois ores?
Sotte tu t'en ris encore,
Vn vieil Manant contrefaict,
Ainsi que tu vois m'a faict,
Ha ha, petite folette
Tu n'est pas trop sottellette,
C'est ce gros pilon massif
Qui te meut ce ris lassif,
Ce pilon d'entre mes cuisses
Qui donne tant de delices,
Que tu le voudrois entier
Auoir dedans ton mortier.

Vers satyriques.

Nez de tous les autres nez,
Nez que cent couleurs fardent,
Nez dont tous ceux qui le regardent
Riants, demeurent estonnez.
Nez à peindre, nez à escrire,
Nez qui me fait mourir de rire,
Nez à mettre les quatre doigts,
Et faire d'une façon gaillarde,
Gaillardement une pomade,
Comme sur un cheval de bois.
Pour le certain ce nez illustre,
Seroit dignement en son lustre,
Sous la crouppiere d'un mulet.
Qu'il auroit agreable mine,
Barbouillé d'un peu de farine,
Ou d'un jaune d'un œuf mollet.
Il semble que ce nez demande,
Que l'on le perce à l'Allemande
Avec une broche à deux tours,
Puis que par tout Paris on aille,
Le faisant voir à la marmaille,
Comme l'on luy fait voir les ours.

COMBAT D'VRSINE ET DE l'ERRETTE, aux Augustins.

SATYRE.

Par le sieur de Sigognes.

*CE n'est point des galands de
France,
Que i'escris icy des combats,
Laissons le mousquet & la lance,
Et ne parlons plus des rabats:
Hachez menu en pleine rue,
Par Vrsine qui mord & rue.
Moine bourru dont on se mocque,
A Paris l'effroy des enfans:
Esprits bourbeux ie vous inuoque,
Animez l'ardeur que ie sens,
Afin que i'escriue de [illegible],
Ce duel sur vn coin de borne.
Vrsine mere de la fille*

Vers satyriques.

A qui les maris ne sont rien
Que ce que le vray debille,
Auec son museau de chien
Et sa barbe de crain qui gelle
Faisoit à sa femme pucelle.

Vrsine, qui a d'vn gend'arme,
Le corsage, l'aspect, & le port,
Qui fait fondre dans le vacarme,
Aussi bien le droit que le tort,
Iettant par tout son œil seuere,
Courut tout Paris en colere.

Vne legion de nouices,
Augustins crotez iusques au cu,
Venant de chanter les seruices,
D'vn sire qui a trop vescu,
Pieds en pantoufle & mains en poche
En marmottant suiuoient son coche.

Comme les cinges magnifiques,
Hors de leur tocque contournez,
Aux mouches font cent mille niques,
Qui leurs passent deuant le nez
Ainsi grimace en sa cadence,
Voyant Perrette qui s'auance.

De mesme

De mesme qu'vn sacre qui volle,
Elle part viste comme vn trait,
Escumant ainsi qu'vn folle
Qui tombe de son tabouret,
Lors qu'vn page froid comme glace,
Du cul luy fait baiser la place.

Autant blanche qu'vne signolle,
Paree d'vn petit collet.
Perrette alloit à l'Espagnolle,
Tenant au poing son chappellet,
Et au bout de ses patinostres,
Pensoit aux actes des Apostres.

Perrette l'honneur des deuotes
De Paris la grande cité,
Qui ne fit iamais trousser cottes
Si ce n'est par necessité;
Et comme on ferme vne escarcelle,
Fait d'vne femme vne pucelle.

Vrsine la prend par derriere,
Sans parler venant aux effects,
Et d'vne brusque maniere
Luy fait voller ses attifaits,
Coiffe, masque & mentonniere,

Chargeant dessus en lauandiere
Perrette qui se voit surprise,
De cet inopiné combat,
Ne sçait si le Diable l'a prise
Pour l'emporter en son sabat,
Et en harlequin qui marmotte,
D'vn singe dit la basse notte.
Coups ores de pieds & de patte,
Tournant sur ce corps delicat,
A lors la couleur d'écarlatte
Donne au teint noir vn bel éclat,
Meslee d'eau de rüe & de fange
Qui la rend cõme vn mauuais Ange.
Croyez moy qu'elle fut gallee
Si iamais Damoiselle fut;
Mais à force d'estre estrillee,
Elle va comme vn bouc en rut,
Et vne voix sort de sa bouche,
Comme d'vne cheure en sa couche.
Au plus fort de cette bataille,
Deux femmes qui crient du lait,
Et trois vẽdeurs d'huitres à l'escaille,
Et sept porteurs de pain mollet,

Dans la meslee se fourerent,
Et trente gueux les separent.
La brebis noire & desolee,
Qu'on tire des pattes du loup,
Demy morte & demy pelee,
S'en va cacher dedans son trou:
De mesme la pauure Perrette,
Se fourra dans sa maisonnette.
Les nouices qui se retirent,
En inuocquant monsieur sainct Rocq,
De dépit pleurent & soupirent,
Et doucement troussant leur frocq,
Vont disant en voix Augustine,
Perrette n'est pas des plus fine.

RESPONCE AV COMBAT D'VRSINE ET DE PERRETTE AVX Augustins.

SATYRE.

Par le sieur Motin.

PErrette la mort aux pucelles,
Ysabeau l'heur des maquerelles,
Vrsine braue de renom,
Et vous subtille Francisquine,
Montez toutes sur mon eschine
Comme les quatre fils d'Aimon.
Armez-vous deuant de saußices,
Et de brayettes de Suisses,
Nous iront donner vn assaut
Au superbe Hostel de Bourgongne,
Où nous parlerons de Sigongne,

Qui fait voller vos noms si haut.

Ie veux vanger vostre querelle,
Tenez-vous ferme sur la selle,
Et me souflez dedans le cul
De peur que l'aleine me faille,
Nous gagneront cette bataille,
Et plumerons bien le cocu.

Allons, marchons, sonne trompette,
Toubeau de grand' peur ie marette,
Combattons seullement du bec,
La guerre n'est plus en praticque,
Puis i'apprehende vn peu la risque,
Craignant de tomber en échec.

Chargez donc vos noires carcaces
Toutes infectes, & noires creuaces,
Noires vieilles de tous conuens
Venez ouyr des grandes merueilles,
Pretez nous vn peu vos oreilles,
Comme vous faites vos deuans.

Et brustant de la chaleur salle,
Du rat & de la bacanalle,
Que produit vos paillardes chairs,
Graißé du vent de vos halleines,

De la ciuette de vos aisnes,
Ie pousse ma voix par les airs,
Chantant en voix de mulle grise,
En vers de mitaines de frise,
D'vn homme beste, oiseau, & poisson,
Les faits, le merite & la gloire,
Escrits sur la peau d'vne poire,
De la corne d'vn limasson.

Homme formé d'vn cœur de poulle,
En marmot que l'on iette en moulle,
Fraisé en beau fils de Paris,
Ayant poil & teste de vache,
D'vn veau la trongne & la demarche,
D'vne vieille à douze maris.

Vieille seullement à l'vsage;
Mais dispost̃e au concubinage,
Y domptant maistres & vallets,
Soldats, nouices, clercs & moines,
Garçons de boutiques & chanoines,
Tous crocheteurs & Lansquenets.

Il est vn bon oiseau de proye,
Oiseau genereux comme vn'oye,
Autre oiseau qui chante au prin-tẽps,

Oiseau qui paissant de reptiles,
Oiseau vray traficqueur de filles,
Et de leurs meres en tout temps.
Oiseau vnicque en son espece,
Oiseau tout parfumé de vesse,
Ie te flanque dedans mes vers,
Ie te fourre en capilotade,
Rosty, boüilly, en carbonnade,
De droict, de tors & de trauers.
Des bestes, il en est la plus beste,
Des cornes, il en est la corneste,
Des cocus le cheual leger,
Ses cornes si hautes encornees,
Seruiront dans quelques annees
De crochets au garde-manger.
Et cependant aux bestes estranges,
Ie veux chanter tes loüanges
Au son du cornet à bouquin,
Auec la musique d'vn asne,
Chant de butor, d'oyson, de cane,
Et voix de ieune marcaßin.
Il est poisson de la marine,
Qui craint la fleur de l'aube-pine,

Maquereaux frais & vieux sallé,
Trainé, porté, vendu aux halles
Par les harangeres plus salles,
Qui iamais ayent estallé.
Tu sçais que les maquerellages
T'ont fait manger de bons potages,
Ors il te faut coiffer le pot,
Et monter sur vne grenoüille,
Portant en main vne quenoüille,
Comme vn petit maistre ianot.
Voila la forme differente,
Du double oiseau qui vous tourmẽte,
Chere fantasque de Chalu,
Redouble ton feu & le souffle,
Affin que ma voix se redouble
Pour haut-loüer ce mamelu.
Il tient encor' de ce langage,
L'humeur, le port & le courage,
Estant comme vn pet glorieux,
Troussé comme vn mullet de housse,
Galland comme vn coupeur de bource,
Et discret comme vn maistre gueux.
Maistre saffranier du haut stille,

Affronteur de Cour & de ville,
Esternisseur comme un tabour,
Marchand fourny de balliverne,
De fagots, bouteille, & lanterne,
Chetif cocu plumet de Cour:
Macquignon du ieu d'amourettes,
Docteur de friuolles sornettes,
Artisan du vice estranger,
Ie te donne pour ton sallaire
Six pets & trois vesses à boire,
Et quatre crottes à manger.
Pour cacher tes cornes si grandes
Les peaux de cent chattes friandes,
Et pour couurir ton villain corps,
La vieille poche d'un belistre,
Pour maison la cocque d'un huistre,
De peur que tu couches dehors.
Si ce logis ne t'acomode,
Fais en bastir un à ta mode,
Dans le bois de la trahison,
Soustenu d'une grosse fourche,
Au pied de quelque vieille souche,
C'est les armes de ta maison.

D. D.

Vers satyriques.

Dedans ceste forest muette,
Sur le haut sommet de ta creste,
Tu chanteras vn air nouueau,
Les passants oyant ton meslange
Diront tretous, ô cas estrange,
Cet homme est poisson, beste oyseau

Fais du pucellage à Perrette,
Linceul, nappe & seruiette,
Coffres, bahuts & des coussins;
De celuy d'Vrsine la sage,
Fais-en remplir ton potage;
Car elle aime les bons vins.

Pendant que ta vois entonnee,
S'entendra toute la iournee,
Ces deux trop impudiques sœurs,
Renuersees sur l'herbe molle,
A tous passans tiendront escolle,
De leurs paillardes humeurs.

Vrsine de vigueur hommasse,
Ira brusquement à la chasse,
Pour nous garnir de bon gibier,
Puis ayant deliuré sa proye,
Ira voir le reste de Troye,

Du haut rempart de Mompelier.
Et moy qui m'appelle Guillaume,
Ayant en teste mon beaume,
Par dessus mon petit bonnet,
Armé de cocque d'écreuice
Ie feray pour vostre seruice,
Dans vne armoire vn cabaret.
Si quelqu'vn vous veut faire offéce,
I'arresteray son arrogance,
Luy donnant du nez dans le cu,
Puis ie feray de gringuenaude
Vostre festin, grande ribaude,
Sans y oublier le cocu.
Adieu gros marmot à guiterne,
Salle mine de chat qu'on berne,
Adieu cocu du bas mestier,
A grand regret ie me retire,
Ie suis pressé de te le dire,
C'est qu'il m'en faut aller chier.

SONNET.

Par le sieur de Sigognes.

N'Est il pas bien ioly ce page de litiere,
Lors que vous le veyez monté sur son argot,
C'est vn conin debout, mon Dieu, qu'il est ragot,
Peut on bien faire vn homme, en si peu de matiere.
Il donnera le mot dans vne rabouliere.
Ie le voudrois bien voir à l'ombre d'vn fagot,
Dancer la canarie en robbe de magot.
Et iouër aux échets dans vne gibeciere.
Qu'il prenne vne arquebuse, ou vn (arc à ialet,

Qu'il face vn morion du chapron d'vn balet,
Qu'il s'arme de la peau d'vne coque-sigrüe.
Qu'on luy baille pour lance vn ialet dans la main,
Qu'on le botte de paille & qu'on celle ce daim,
Ce sera nabotin qui combatra la grue.

ODE.

Par le S[r]. Motin.

Doux antre où mon ame guidee,
Met son desir odacieux,
Clos à mes mains, clos à mes yeux,
Et découuert à mon idee.
Tertre qu'vn lis dore la bouche,
De qui le dessous enflamé,
Ressemble vn œillet my fermé,

Vers satyriques.

Alors que le Soleil se couche.

Brun seiour & secret arcade,
Au fond de vermeil esclatant,
Et qui va le marbre imitant,
Et le dessus d'vne grenade.

Beau crespe qui dessus blondoye,
Le plus fin qu'on puisse trouuer,
Amour luy mesme en fit le ver,
Et luy mesme en fila la soye.

Toyson d'or, d'amour enseignee,
Où mon desir est arresté
Ainsi qu'vne mouche en esté,
Dans les filets d'vne arignee.

Petit gazon fait d'vne rose,
Gros comme vn coing, en sa couleur
Ne laisse pas seicher ta fleur,
A faute qu'aucun ne l'arrose.

LA CASCARETTE.

SATYRE,

Par le sieur de Sigognes.

Clepton le Bœsme effronté,
Conneu par sa subtilité
Habille ioüeur de la harpe,
Clepton aux cheueux noirs & gras,
Luy couurant l'espaulle & le bras,
Et le tapis verd en écharpe.
Gageant auec les impudens,
Qu'il est dehors, qu'il est dedans,
Trouua Cascarette la brune,
Cascarette au bec d'estourneau,
Au nez semblable à vn naueau,
Et aux yeux noirs comme vne prune.
Ma fille, luy dit le matois,
En la main mettez moy la croix,
Vostre bonne aduenture est grande:
Vn sols lors elle luy bailla,

Qu'elle auoit gaigné ce iour là,
A dancer vne sarabande.
Petite (dit-il) ie voy bien
Qu'homme iamais ne vous fit rien,
Bien qu'vn chaud desir vous consõme,
Mais vous auez vn iour baisé
Vn grand vilain barbier fraisé,
Qui vous fit ce que fait vn homme.
Et ce fut vous qui de vos doigts
Les mistes en ces doux abois,
Puis vous vous ioignistes tout contre,
Remuant dessous ce matin
Dru comme vn reueil matin
Frappe le timbre d'vne monstre.
Mais vous auiez auparauant
Mis le doit dans vostre deuant,
Et cela ne vous pouuant plaire,
Auecques du cuir & du fil
Vous fites vn engin viril,
D'vn des vieils gãds de vostre mere.
Souuent vous chatoüillant le bas,
Vous vous plaignez en ces ébats
En attendant qu'on vous marie,

Et qu'eußiez bleßé de vos traits
Entre les cureurs de retraicts,
Quelqu'vn qui pleurast de furie.
Lors vous & le mary qu'aurez,
Ensemble vous vous logerez
Dans le fond d'vne vieille caue:
Auant qu'il soit le bout de l'an,
Vostre front sera de saffran,
Et vostre nez de beste-raue.
Vos yeux de carpe morte en l'eau,
Vostre cuir d'ours ou de blereau,
Mouchetté comme de la frise,
Vos tetins laids & basannez,
Des fils de sainct Fiacre au nez,
Du cotignet dans vostre chemise.
Tousiours auxiambes quelquesloups,
Au cul des galles & des cloups,
Aupres d'vn esgoust effroyable,
Tousiours puant & distillant,
Sous vn grand ventre brimballant,
Beau moulle à faire quelque Diable.
Außi iamais vostre mary
Ne sera ialoux ny marry,

Faßiez vous la douce & la fiere,
Alors qu'il vous caressera,
Et s'il est ialoux ce sera
De l'inuente d'vne sorciere.
Puis ayant passé quelque temps,
Vous haissans & vous battants,
Tousiours en eternelle noise,
D'habits poüilleux & déchiré
Sous le pont sainct Honnoré,
Vous mourrez en pauure Hirlandoise.

ELEGIE
CONTRE LES FEMMES.

Par le S^r. Motin.

QVe s'est fait sagement aux hommes d'empescher
Les femmes de iuger, commander & prescher,
Captiuant sous les loix cet animal sauuage,

Qui chez les Musulmans est tousiours en seruage,
Rendez si vous pouuez de bonne heure arresté,
De la femme & de l'eau le courroux indompté,
De peur que l'vn & l'autre vsant de sa puissance,
Sur vous trop paresseux n'estende sa puissance:
Malheureux est celuy qui se laisse (abuser,
Mais bien plus malheureux qui la veut épouser,
I'aime mieux estre aux fers d'vn tartare seuere,
La femme n'est sinon qu'vne belle misere,
Perdant de noz parens le tresor assemblé,
Elle est comme vne poulle à vn monceau de blé,
Qui se paist en riant se tourmente & se haste,

Affin que de ses pieds tout le reste elle gaste,
Autant que l'auare est de ses biens indigent, *(l'argent,*
A de peine & de soing d'amasser de
Autant elle trauaille à faire le contraire, *(tisfaire*
Le thresor de Dauid n'y pourroit sa-
Ny la riche rançon du Roy mal secouru, *(Peru,*
Que le fier Espagnol ruina dans le
Bien qu'elle soit prodigue, elle est auare ensemble,
Vn contraire à la femme au contraire s'assemble,
Elle mesme se vend & la necessité,
Sert à lors de pretexte à sa lubricité;
Mais quelle tour d'airain, quelle porte ferree
Ont pouuoir de tenir vne femme serree?
Quel argus, quel geollier peut tenir en prison,

Celle de qui l'amour surmonte la raison?
Est-il flame impudique horrible à la pensee
Que par elle ne soit sans respect exercee,
Témoing Semiramis, qu'vn cheual embrasa,
Et celle qu'au taureau Dedalle supposa,
Leurs impudicitez de cruauté guidee
Funeste aux innocens, fait naistre vne Medee,
Fait contre vn vieux pere vne fille animer,
Fait contre leurs maris les Bellides armer,
Le fer & la prison exerce leur vengeance
Et de leur long courroux le sang est l'allegresse,
Aux funestes desseins de leur inimitié,

Vers ſatyriques.

Il ne faut point iamais eſperer de pitié,
Si quelqu'vn dans ſon cœur quelque haine vous porte,
Ne vous y fiez point encore qu'elle fut morte,
La vengeance eſt foibleſſe & les plus beaux eſpris,
Surmontent vne iniure auec le mépris,
Les femmes qui n'ont point les ames genereuſes,
De ſe pouuoir vanger, ſont touſiours deſireuſes,
A l'impudicité de leurs corps languiſſant,
Se ioint de leurs eſprits le diſcours impuiſſant,
Auſſi Lucurgue ainſi à ce ſexe peu ſage
Connoiſſant leur defaut du vin oſta l'vſage,
De peur qu'en leur cerueau ſe venant à meſler,

Il les mit en furie & les fit trop parler,
A quoy destin sanglant tient il que tu n'égalles,
Le bon heur des mortels à celuy des Cigalles?
N'ayant donné la voix qu'aux masles seulement,
Des femmes sans raison le foible entendement,
Par la bouche expirant les images friuolles,
Nous pouuoit tous tromper par des vaines paroles:
Ne sçauoir pas mētir, reprocher & crier,
Flater, feindre, trahir, iurer, iniurier,
De là vient la faintise & la haine & la guerre,
Et toutes les fureurs qui saccagent la terre:
Car tout le mal qui donne aux mortels du soucy,
Prend le nom d'vne femme & le malheur aussi,

Comme peste, langueurs, fievreuse
Hydropisie,
Avarice, tristesse, envie, & ialousie,
Crainte, furie, horreur, vengeance,
ambition,
Le nom de femme est propre à toute
passion,
La mort mesme des maux, le der-
nier & le pire,
Est femme, & comme telle à toute
chose aspire.
On dit vray qu'entre l'homme & la
grandeur de Dieu,
Les esprits bien-heureux obtiennent
le milieu,
Et que des corps humains & l'ani-
mal inepte,
La femme est au milieu de l'homme
& de la beste,
Elle est plus dangereuse au fiel de son
courroux,
Que n'est le noir venim de l'Aspic le
plus roux,

Ny

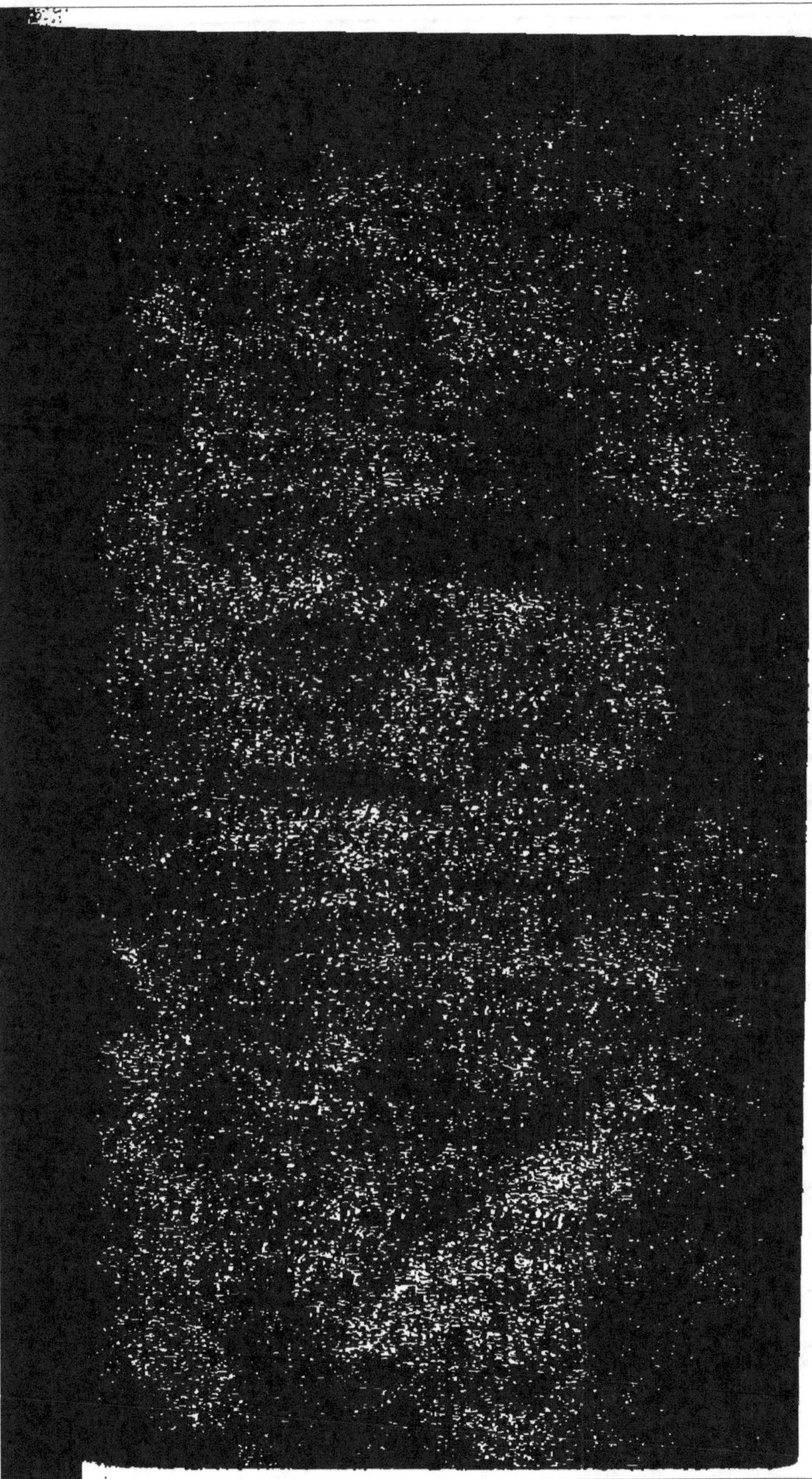

Ou bien la pauureté, la douleur & la honte
Accompagnent tousiours ceux dont vous faites conte,
Insensez & trop vains d'embrasser les premiers
Vos corps qui ne sont rien que des viuants fumiers,
Vos tresses en serpens aux tombeaux sont changees,
Et de vostre œil sorcier les fleurs sont outragees:
L'oyseau qui du Soleil sent les pures ardeurs,
Qui s'immolle mourant sur vn lict plein d'odeurs,
Son plumage doré de cent couleurs émaille,
Apparoist plus souuent qu'vne femme qui vaille.

SATYRE.

CONTRE LA BARBE D'VN COVRTISAN.

Par le sieur de Sigognes.

Ie peins vne barbe peignée,
De couleur de pied d'araignée,
Bien faite, & d'antique maison.
Barbe de bonne nourriture,
Qui toutesfois contre nature
A creu sur la peau d'vn oison.
Barbe de veritable estoffe,
Soit d'vn bouc, soit d'vn Philosophe,
Selon les iugemens diuers
Il faut vrayment que ie la loue,
Car Phœbus me feroit la moue
S'elle n'estoit dans mes vers.
Vn barbier docte à la guiterne
Qui frais venu de la tauerne,

Ly

Se courrouçant à son valet,
Tout ainsi qu'aux barbes de farces,
Te fit les moustaches esparces,
Comme les aisles d'vn poulet.
Il t'en fit vne retroussee,
L'autre de collere embrasee
Comme la frange d'vn épieu,
Il la fit comme vne escarcelle;
En fin ce barbier sans pareille,
Te laissa comme il pleust à Dieu.
Barbe mistiquement sallee,
Au bordeau souuent estallee,
Barbe molle, au poil delié,
Ie veux desormais qu'aux boutiques,
Aux coings & aux places publiques,
Ton merite soit publié.
Barbe des barbes la merueille,
Barbe qui n'a point de pareille,
Reine des barbes en effect,
Ie veux que ma Muse feconde
Face connoistre à tout le monde,
Le bien que ton maistre a faict.
Ainsi contant tes bons offices,

Ie veux celebrer les seruices
Et les faueurs que ie luy fais,
Le faisant marcher sur la terre,
En basteleur en temps de guerre,
Et en soldat en temps de paix.
Tes branches de vergongne esprises,
Couurent ses levres aussi grises,
Que les oreilles d'un magot,
Et ses dents qui sont par meslange,
De couleur d'escorce d'orange,
Et de coquille d'escargot.
Sans toy, barbe en crasse fertille,
Il seroit au monde innutille,
Et quelquefois il est si prompt,
Qu'en courroux il s'iroit pendre,
S'il ne trouuoit à quoy se prendre,
Quand il se void faire vn affront.
Alors il te mord, il te ronge,
Il te fait seruir d'vne esponge,
Bauant en son enragement,
Tu le remets en patience,
En toy consiste sa science,
Son esprit & son iugement.

EPIGRAME.

Sy les esprits sont amusez
A ioüer aux champs Elisez,
Quand ils veullent ioüer aux quilles
Les boulles sont tetins de filles:
Il est bien vray qu'en cest ébat
La boulle les quilles abbat:
Mais icy c'est une autre affaire,
Car aux quilles vient le contraire,
Puis qu'au lieu de les renuerser
Les tetins les font redresser.

SATYRE.

Contre vne vieille macquerelle.

Par le sieur Regnier.

ESprit errant, ame idolatre,
Corps verollé couuert d'emplatre,
Aueuglé d'vn lascif bandeau,
Grande Nimphe à la harlequine
Qui s'est brisé toute l'échine
Dessus le paué du bourdeau.
Dy pourquoy vieille mauditte
Des ruffiens la Calamitte,
As-tu si tost quitté l'enfer,
Vieille à nos maux si preparee,
Tu nous rauit l'âge doree
Nous ramenant celuy de fer.
Retournes donc, ame sorciere,
Des enfers estre la portiere,

Part & t'en va sans nul delay
Suiure ta noire destinee,
Te sauuant par la cheminee,
Sur tes espaulles un vieil ballet.

Ie veux que par tout on t'apelle,
Loune, chienne, ourse cruelle,
Tant deçà que delà les monts,
Ie veux de plus qu'on y adiouste
Voila le grand diable qui iouste
Contre l'enfer & les demons.

Ie veux qu'on crie emmy la rüe,
Peuple gardez-vous de la grüe,
Qui détruit tous les éguillons,
Demandant si c'est aduenture,
Ou bien un effaict de nature
Que d'acoucher des ardillons.

De cent cloux elle fut formee,
Et puis pour là estre animee
On la frotta de vif argent:
Le fer fut premiere matiere,
Mais la meilleure fut la derniere
Qui fit son cal si deligent.

Depuis honorant son lignage,

Vers satyriques.

Vieille sans dent, grãde hallebarde,
Vieil baril à mettre moustarde,
Grand morion, vieux pot cassé,
Plaque de lict corne à lenterne,
Manche de luth, corps de guiterne,
Que n'es tu desia in pace.

Vous tous qui malins de nature
En desirez voir la peinture
Allez vous en chez le bourreau:
Car s'il n'est touché d'inconstance
Il la fait voir à la potence,
Ou dans la salle du bordeau.

DE LVCRESSE.

Elle est sourde comme un sourd
A ceux qui luy parlent d'amour,
Mais touchez luy son petit centre
Cela s'endure doucement,
Et pour escouter un Amant
Elle a l'oreille au bout du ventre.

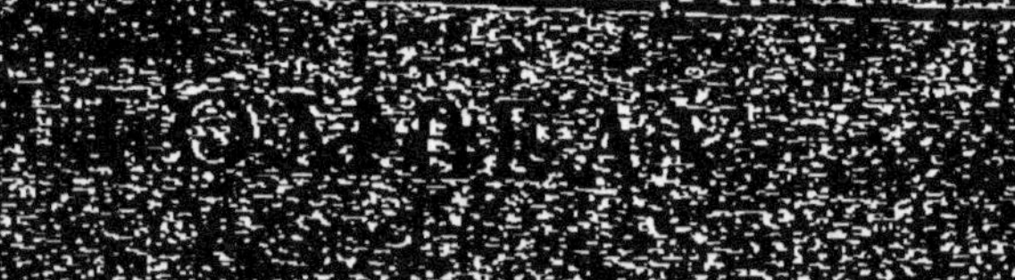

SONNET

Mais il fut arresté n'y voyant point de icur, (*large.*
Ny de trou qui eut peu loger sa teste
A quoy tant de baisers & tant d'embrassements,
De desirs, de refus & de contentements?
Si payez mon amour de ce fruict innutille.
Madame, ie l'entends, c'est que ne pouuant pas,
De la ville d'Amour, faire franchir le pas,
Vous vous contentez-bien des faulbourgs de la ville.

SONNET.

Ma belle i'aime bien ton geste gracieux,
Et ton riant accueil, i'aime ta mignardise,

SONNET.

IE m'estonne souuent qu'vn pau-
ure miserable,
Pour trouuer la santé desiree de tous
Se face tourmenter & massacrer de
coups,
Endurant des langueurs le faix in-
supportable.
Mais ce n'est rien au pris du cou-
rage admirable,
D'vne fille qui fit se percer le dessous
Du ventre fretillard sans craindre du
feu roux
La brullante chaleur ny le coup re-
doutable.
Celuy là pour vn bien qu'il a de-
ia gousté,
Se fait percer le corps d'vn courage
indompté, (vie.
Celle-cy n'auoit pas gousté de l'au de

Mais ayant eu plaisir de chatouil-
ler ces lieux,
Elle mesme jugea du plaisir gracieux
Que s'il peut revenir elle seroit ra-
vie.

I D L G

TOMBEAV.

Cy gist celle qui ne sçait pas
Comment elle passe ce pas,
Ayant d'aise & d'amour ravie,
Perdu sa miserable vie
Entre les cuisses d'un garçon:
Mais voyez un peu quel courage,
Elle voudroit de cette façon
Revivre pour mourir davantage.

DE IEANNE.

SATYRE.

Par le sieur du Gayuerger.

IEanne qui est lubrique & laide,
Et de l'Amour le vray remede,
Qui sçait le goust de tous les vins,
Affin de boire plus à l'aise,
Et pour mieux amortir sa braise,
Se va loger aux quinze vingts.
Là un aueugle qui sçait faire,
Ce qu'il faut pour la satisfaire,
Et vuider le verre au matin,
Est celuy que par aduanture,
Mais bien plustost par sa nature,
Pour elle choisit la putain.
He! n'est-ce pas une finesse,
Qu'inuente cette fausse vesse,
Pour assouuir sa chaude ardeur?

Il boit sans qu'on la voye,
De prendre un homme qui se noye
Dans le vin & dans sa laideur.

STANCES SATYRIQVES CONTRE l'Olliuastre Perrette.

Par le sieur de Sigognes.

NE verray-je iamais l'Olliuastre
Perrette,
Estroittement liée au cul d'une che-
rette,
Monstrer à nud le grain de son vieux
maroquin,
Assembler de Paris le mode par sa rue,
Estouffer les suiuant d'une odeur de
morue,
Plus aigre que le vent d'un satyre
bouquin.

Vers satyriques.

Les verges en la main d'vn page de la grêue,
Descouppera la peau de ceste fille venfue,
A châque carrefour s'escrira hautement,
Masque du bout des ponts, furie vagabonde
Qui fit en la cité, cent fois le iour la ronde,
Voicy de tes forfaits le iuste chastimēt.
Qui voudroit le suplice égaler aux merites
Pour des crimes si grands les peines sont petites,
L'on dit comme aux sorciers, luy raser les cheueux
Puis vn iour de marché sur la roüe l'étendre,
La rompre a'vne barre, & puis apres la pendre,
Apres coupper la corde & la ietter aux feux.

Vers satyriques.

Quiconque s'a hantée infame ma querelle,
L'espace de trois mois & demeuré pucelle,
Est aussi bien que toy un renforcé canon.
Car comme le soleil ouvre le sein des rose,
Un pucelage ainsi quant tu vois & tu ose,
Se dissipe & se perd au seul bruit de ton nom.

Un controolleur d'abits en soixante mesnages,
N'en a tant rabilliez que toy de pucellages,
Rendant mille maris abusez & cocus,
Innocens qui pensoient de leurs femmes pucelles,
Dedans un chaste lict prendre les fleurs nouvelles,
Mais ils n'ont rencontré sinon des gratecus.

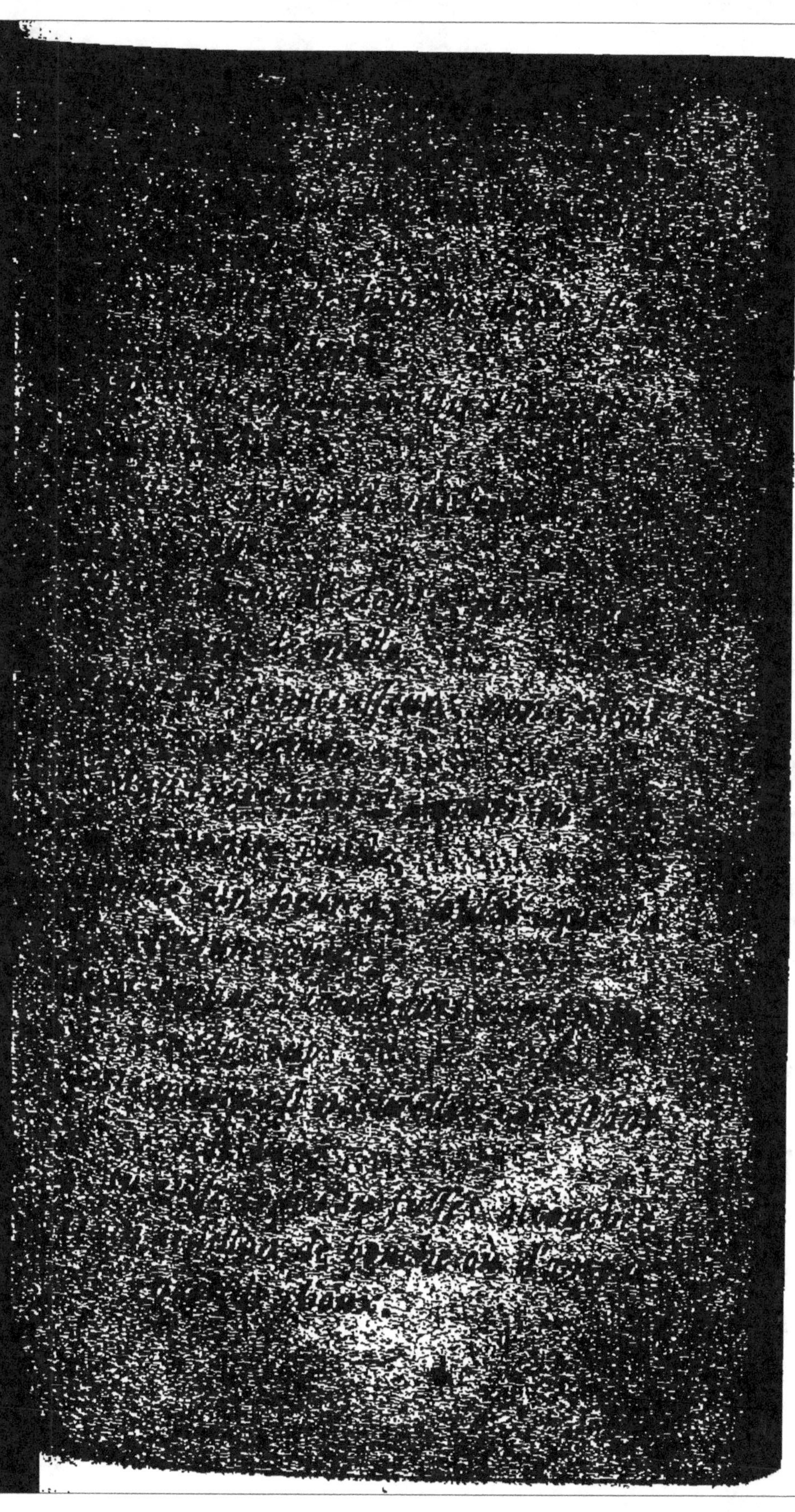

Vers satyriques.

Vn pendu surané qui auoit enduré
De deux bruslants estez l'ardeur demi percé,
Et de deux grands hiuers souffert la cruauté,
Reparé de lambeaux d'vne pauure Flamande,
Qui cherche l'auenture, & du pain nous demande,
Seroit le vray portrait de ta pietre beauté.

Tu guide doucement tes yeux bordez de cire,
Comme vn œil qui se plaint de l'amoureux martire,
Tu as le teint de suif & la bouche d'vn four,
Comme vne mulle galleuse que l'étrille chatoüille,
Le ride fard ainsi de ta bouche qui moüille,
De pluie & de crachat ce qui est allentour.

Vers satyriques.

Si tu vas au Palais, etique anchanteresse,
Les marchands effroyez te sçachant larronnesse,
Criront, serre bagage, au volleurs ie la voy,
Et si tu vas aux champs le paisan se cache
De peur que tu luy volle ou son beuf, ou sa vache;
Car les choüettes sont moins puante que toy.

Si tu vas dans le Louure où les dames s'assemble,
Deuant ton œil sorcier, leur pucellage tremble.
Tant les filles ont peur des ruses de ton art:
Là tu fais des desseins & cent tours en une heure,
Et lors que tu t'en vas une senteur demeure,
Comme quand le tonnerre est tombé quelque part.

Si tu

Si tu es courroucé & que ton coche passe,
Où l'on veut des bouquets, des fleurs tost s'efface,
Si au lieu où la chair publiquement se cuit, (descoche,
Le regard enflambé que ton faux œil
Rostit plus de cochons que mille tours de broche
Et le charbon qu'on souffle tant le iour que la nuict.

Ces cantons de Iurie, de Berne & de Soleüre,
Sont mieux alliez que toy grand pot à mettre beurre,
Qui considere par tout priuee en vn moment,
M'amour, ma fermeté, mon tout, mon esperance,
Dés le fin premier iour tu fais vne alliance,
Mais ce que ta bouche est au cœur bien autrement.

*N'est-ce pas vn grand cas, ô de-
uorante Harpie,
Que les inuentions que tout le mon-
de épie,
Qu'estant les volontez des plus cha-
stes esprits,
Ton simple attouchement, ta parole
& ton geste,
Corrompant les humeurs comme au
lieu plein de peste:
Le sainct pere la deffend & le mal
est surpris.
Fee de l'Occident, mulle à belle
bossette,
Tes cheueux sont petits comme brins
d'épousette;
Mais apres quatre mots de ton ma-
gique sort,
Chacun d'eux s'animant en rouge
Aspic se muë,
Et du venim secret qui coule de leur
veüe, (la mort.
Donne à tous animaux maladie ou*

A toute heure on te trouue voyant la brune aeste,
Couuerte de la peau de quelque étrange beste,
A cheual, en ballet, voller dessus Paris,
Passer dans les clochers, battre de porte en porte,
Et au moyne bourru tenir fidelle escorte,
Frapper sur les bassins de tes chariuaris.

Souuent pour exercer l'art de ton sorcelage,
Tu vas changee en louue au carr'four d'vn village,
Cruelle, deuorant les petits & les grands,
Du tout inexorable aux pleurs & à la plainte,
Puis la pense r'emplie & ta machoire teinte,
Tu dépoüille ton charme & ta forme reprens.

Vers satyriques.

Les Mores de parfum pendent à
tes oreilles,
Et ton muffle bronzé sont trois testes
pareilles;
Mais ton enchantement les aimes les
seins,
Inspirât la parole à leur levre muette,
Pour consulter apres les choses plus
secretes,
Aux douteux entretiens de ton ora-
gue noirs.

Tes bracelets de nuict & tes chai-
nes encore,
Ont le iour du sabbath, du bouc que
tu adore,
Les impies Antelin maintefois par-
fumé,
Et ton étique corps dedans ta robbe
vague,
Ne porte diament attaché, perle ou
bague
Ny grains où tu ne tienne vn de-
mon enfermé.

Monstre de la cité qui contient
presque vn monde,
Vrgande inn:uitable, en toute ma-
gie profonde,
De ta lubricité passant Flore & Lais,
Daulpline, de Marmot; Celestine nou-
uelle,
A fin que nous sauuions au moins
vne pucelle,
Va-t'en viste à la Chine & quitte le
pais.

Tu as assez donné de leçons de
Grimoire,
Docte en toute magie & la blanche
& la noire,
Sibille rauissant des vieux siecles
passez,
Furie de l'Enfer qui te pais dans les
ombres,
Retire toy de nous en tes demeures
sombres,
Soit aux creux des tombeaux des
mors trespassez.

Sinon on te fera visage de marotte,
Accomoder pour bain vn tumbereau de crotte
Pour te plonger dedans iusques au col seulement,
Et deux de tes demons la marche renuersee,
Te laueront du ius d'vne chaise percee:
Et puis du bourrelet te coifferont iolimeni.

Puis diront par trois fois en voix de marnacle,
Oyez, peuple oyez, vne estrange miracle,
La Reine de Sabbath superbe en ses attraits,
La gloire d'Orient superbe & si pompeuse,
Ressuscite en fin en forme si venteuse
Vient seulement icy regner sur ces retraits.

Effroyable Megere hermaphrodite brune,
Qui as l'œil de Trius & le teint d'une prune,
La main d'une grenoüille & la peau d'un pendu,
Les tetins & le sein comme une bource vuide,
L'esclat d'un asne mort, l'embompoint d'une bride,
Va t'en dans les enfers, Paris t'est deffendu.

Epigrame.

IEanne tandis que tu fus belle,
Tu le fus sans comparaison
Anne à cette heure est de saison,
Et n'y a rien si beau comme elle:
Ie sçay que les ans luy mettront
Comme à toy les rides au front,
Et feront à ta teste blonde,

Mesme iniure comme à tes cheueux;
Mais quoy, Ieanne, ainsi va le monde,
Ie t'ay voulüe & ie la veux.

Autre Epigrame.

IAmais Fredegonde ne cesse,
Voulant augmẽter mon ardeur
De me dire que sa grandeur,
Luy fait tenir reng de Princesse,
Pour faire vn discours si nouueau
Il faudroit estre Iean le veau,
Et n'auoir point de ceruelle,
Puis que moy ny son cocu,
Ne trouuons rien de grand en elle
Que la fente d'aupres du cu.

SATYRE,

Par le sieur de Sigognes.

VRaiment vous serez marrie,
Petite orpheline d'honneur,
De dire que ie vous marie,
Et tout autant pour le brodeur.
Et pour vous matoise femelle,
Qui lors du iour des trespassez,
Faigniez d'aller vers les tournelle,
Prier Dieu pour les trespassez:
Car i'ay apris que vos prieres,
Pour eux ne se faisoient à lors,
Et les tombes & les cimetieres,
Estre de vifs & non de morts.
En fin petite ame subtille,
De beauté, d'honneur, & d'esprit,
Ie vous veux faire par la ville,
Connoistre à tous par cet écrit.
Et comme en chose qui vous touche

Ainsi que vous par ces vers cy,
Vostre mary & vous aussi,
Dépeindre auant que ie me couche.
Il estoit grand mignon des Rois,
S'il est vray ce qu'on publie,
Qui a receu desia deux fois
La fleur de lis pendant sa vie.
S'il pouuoit vn iour meriter,
La troisiesme pour recompence,
Lors il se pourroit bien venter
De porter les armes de France.

SATYRE.

Contre l'auarice d'vne Dame.

Par le sieur Motin.

POurquoy ne fus tu le iour,
Aueugle enfant de la terre,
Roy des thresors qu'elle serre,

Caché dans ton creux sejour.
Monstre qui n'as point d'Alcide,
Des amoureux le tourment,
Va t'en regner seulement
Sur la richesse homicide.
Va t'en donner de la peur
A ceux qui foulent les mines,
C'est l'Empire où tu domines,
Eleue quelque vapeur.
Et d'vne ialouse enuie,
Fais le trespas reçeuoir,
A ceux qu'vn soin de te voir,
Priue du soin de ta vie.
Fais voller sous d'autres cieux
Aux nouueaux mondes barbares,
Contre les hommes auares,
Tes demons officieux.
Pendant que loing des campagnes,
Sous des rochers maternels,
En des ruisseaux eternels,
D'or & d'argent tu te baignes.
Si par la loy des destins,
La terre en vne cauerne,

Te logent pres de l'Auuergne.
Dans les plus creux intestins,
Bien loing de l'air où nous sommes,
Pourquoy laisses-tu le lieu,
Pourquoy si tu fais le Dieu,
Loges tu parmy les hommes?

Amour qu'on dit tout puissant
Cedde à la force inconnüe
Et la grace est mal venüe,
Sans ton secours paroissant,
La parole est infertille,
Les dames ne l'aiment point,
Si comme on dit, on ne ioint,
Le delectable & l'vtille.

Ainsi d'vn soin diligent,
Tu rend à mes vœux, rebelle,
L'esprit de mon Ysabelle
Qui vent au son de l'argent,
Par vne auarice estrange,
Guerir l'amoureux tourment,
Comme au son de l'instrument
On fait celuy du phalange.

Puisses l'amant triomphant,

Qui par toy l'a toute entiere,
De l'empire de la matiere
Dequoy se forme l'enfant:
Mais pour me venger, qu'il entre
En leur plaisir defendu,
Vne source d'or fondu
Toute chaude dans ton ventre.

SATYRE,

Sur la belle Marion.

PEu de zele & moins de science
Faisoit que Lazare fessu,
Preschant les cas de conscience
Ne vouloit pas estre apperceu.
Quand Marion la desolee
Passant par les Predicateurs
Mine basse & teste voilee,
Fit grand part de ses auditeurs.
Par trois fois troussa le bon Moine,
Fit taire les petits enfans,

Laissa là la coulpe & la peine,
Et les heretiques du temps.
Puis entonne auec l'asseurance
D'vn Moine qui n'est pas Latin,
Qu'il falloit croire en conscience
Ce qu'en disoit sainct Augustin.
Que tout autāt de fois qu'vn hōme,
Vne fillette a débouché,
Il n'est pas au Pape de Rome
De luy remettre son peché.
S'il ne l'espouse, & dauantage,
Asseuroit le pere frappart,
Qu'il témoigneroit par son langage,
D'esperer d'en auoir sa part.
Qu'autant de fois que la fillette
Commettoit l'œuure de la chair,
La faute tomboit sur la teste
De celuy qui la fit pecher.
Marion contente du frere,
Dit lors en son cœur obstiné,
Ie me le veux tant faire faire
Que le méchant en soit damné.
Et dit l'histoire médisante,

Que pour le moine guerdonner,
Ils firent à l'heure presente
Ce qu'il falloit pour le damner.

ODE.

Contre vne ieune Dame.

Par le sieur de Sigognes.

Vous n'estes grasse ny maigre,
Vous n'estes douce ny aigre,
Et si l'estes toutesfois,
Grasse aux cheueux, maigre au reste,
Au mestier plus douce & preste
Que n'est vn cheual de bois.
Mais pour tout cela, Marie,
Vous mettez quand on vous prie
Calleçons & robbe à part:
Car à toute heure on vous trouue
Faisant la chatte ou la louue

En public ou à l'escart.

L'on met les cheuaux me semble,
Aux cordes pour aller l'emble,
Chez Laurens ou chez Mascot,
Chez vous toute ieune nouices
Sont mises aux cordes des vices
Moyennant vn bon écot.

Vostre chambre est tousiours pleine,
Le reste en bas se promeine,
Et on ioüe en vous attendant:
La maison est trop petite,
Retournez de vostre suitte
Ou prenez logis plus grand.

Mais qui a iamais veües
Sinon à pied parmy les rües,
Et la crotte iusques au bras,
Marchant d'vne façon agille,
Auec vn cul qui fretille
Sans mesure & sans compas.

Pour euiter ce reproche,
Achetez vne petite coche
Pour vacquer à vos Amours,
Qui courre, galoppe & trette,

Dans la fange & dans la crotte,
A la ville & aux fauxbourgs.

LA DOVLEVR d'Amour.

Par le sieur Regnier.

INfame bastard de Cythere,
Fils ingrat d'vne ingratte mere,
Auorton, traistre & déguisé,
Si ie t'ay seruy dés l'enfance,
De quelle ingratte recompence
As-tu mon seruice abusé?

Mon cas fier de mainte conqueste,
En Espagnol portoit la teste,
Tryomphant, superbe & vainqueur,
Que nul effort n'eust sçeu rabattre,
Maintenãt lasche & sans combattre,
Fait la canne & n'a plus de cœur.

De tes autels vne prestresse,
La reduit en telle destresse,

Le voyant au choc obstiné,
Qu'entouré d'onguent & de linge,
Il m'est avis de voir un singe
Comme un enfant embeguiné.
De façon robuste & raillarde
Pend l'oreille, & n'est plus gaillarde,
Son teint vermeil n'a point d'éclat,
De pleurs il se noye la face,
Et fait aussi laide grimace
Qu'un bedin creué dans vn plat.
Aussi penaud qu'vn chat qu'ō châtre
Il demeure dans son emplâtre,
Comme en sa cocque vn limaçon,
En vain d'arresser il essaye,
Encordé comme vne l'amproye
Il obeyt au caueçon.
D'vne saliue mordicante
De sa narine distillante
L'vlcere si fort par dedans,
Que crachant l'humeur qui le picque,
Il baue comme vn pulmonique
Qui tient sa mort entre ses dents.
Apollon dés mon âge tendre,

Poussé d'vn courage d'apprendre
Aupres du ruisseau Parnassin,
Si ie t'inuocquay pour poëte,
Ores en ma douleur secrette
Ie t'inuocque pour medecin.

Seuere Roy des destinees,
Mesureur des vistes annees,
Cœur du monde, œil du firmament,
Toy qui presides à la vie
Gueris mon cas, ie te supplie,
Et le conduis à sauuement.

Pour recompence, dans ton Temple,
Seruant de memorable exemple
Aux ioüeurs qui viendront apres
I'appendray la mesme figure
De mon cas malade en peinture
Ombragé d'ache & de cypres.

SATYRE.

Contre la Corneille.

Par le sieur de Sigognes.

Ette vieille & noire Corneille,
Des ans la honte & la merueille,
Des vifs l'horreur & le degousts,
Qui desia froide, seche, & blesme,
Porta lá salliere au baptesme,
De la Sybille de Pansous.

Cette respirante Momie,
Dont l'on connoist l'anatomie
Au trauers d'vn cuir transperçant,
Et dont le corps salle & étique
Rendoit dedans vne boutique,
Sçauant vn barbier ignorant.

Folle d'amour qui la transporte,
Le soir vient heurter à ma porte,

Ialouse du iour qu'elle fuit,
Flaitant l'effroy de son visage
Qu'elle hausseroit son aduantage
Dedans les ombres de la nuict.
Or pour dignement la d'écrire,
Il n'est nerf qui y pust suffire,
Ny esprit qui ne fut deceu,
Ses yeux dont la clarté decline
Sembloiẽt deux flambeaux de rosine
Dont la fumee esteint le feu.
Sa prunelle lousche & liserne
Ainsi qu'vn verre de tauerne
Lorgnant sous des sourcils moussus,
Brilloit en sa morne étincelle
Comme vn mouscheron de chandelle
Quand vn page marche dessus.
Sa levre dans le vin recuitte,
Pleine de peaux, palle & recuitte,
Comme vn marc de suc dénüé
Et ses dents, vray rateau debeine,
Rendoient si forte son haleine,
Qu'vn chien en eust éternué.
Sa taille toute d'vne venuë,

Ainsi qu'vne andoüille menuë,
Et son corps comme elle ridé,
Pourry d'onguents & de verolle
Semble vn lievre à l'Espagnolle,
Qu'on rostit sans estre lardé.

Sa motte vieille & suranee
Auoit la peau plus basanee
Que le cuir d'vn vieil escarpin,
Et son C. plus troüé qu'vn crible
En fueillets surpassoit Ouide,
Le Digeste & le Calepin.

Ses cuisses flacques & beantes
Rendoient des vapeurs si puantes,
Que les morpions étonnez
De l'odeur de cette ciuette,
En grondant sonnoient la retraitte,
Et fuyant se bouchoient le neZ.

Sa chair qui d'amour fretille,
Comme vne mulle sous l'estrille,
Luy rend le cœur tout tremblottant,
Et semble en sa façon lubrique
Vn marmot qui branse la picque,
Ou qui marmotte en se grattant.

Aussi cette vieille effrontee
Sans frapper, en haut est montee,
Et son amour & mon malheur
Luy font trouuer la porte ouuerte,
Et comme coniurant ma perte,
Ioignent son aise à ma douleur.

Amour qui la suit en colere
Cõme vn poupar fait sa grand' mere
Crie, rechine, & se debat,
Et semble à la voir de la sorte
Vne sorciere d'Aiguemorte,
Qui meine son fils au sabat.

Elle s'approche, elle me touche,
Et faisant la petite bouche,
Dit quelques mots du temps iadis:
Lors ie luy dits tout plein de rage,
Ie n'entends point vostre langage,
Vous parlez comme vn Amadis.

Car pour entendre cette harangue
Il eust fallu le don des langues
De l'vn & l'autre Testament,
Ou bien tirer des fosses humides
Nos grands peres les vieux Druides

Pour luy seruir de truchement.

Ne sçachant au surplus que faire
Ie fus forcé, pour m'en défaire,
Sans parler, venir aux effets:
Et vous iure en ma conscience,
Que pour lors ie fis penitence
De tous les pechez que i'ay faits.

Ie ne sçay quelle diable de rage
De la raison m'osta l'vsage,
Et me réueilloit l'appetit:
Il faut que contre nature,
Ou bien ennyuré de luxure
Ie la fourbisse par dépit.

Depuis ceste vieille ridee,
Par mon baiser affriandee,
Autour de ma couche hannit,
Et va tresmoussant de la crouppe
Comme font les gueux à la souppe,
Et les enfans au pain benit.

Mais lors que ie voy ceste vache,
Mon V. dans mon ventre se cache,
Tout le poil me dresse d'effroy,
Mon desir est mol comme laine,

Et tout le long de la sepmaine
La paillardise est morte en moy.

DE CATAVT.

Elle succeroit bien la goutte,
De quelque gros V. reboulé,
Mais ie veux qu'vn gouiat la coutte
Auec vn concombre pelé.

SATYRE,

Par le sieur de Sigognes.

Quand ie voy sa face effacee,
Que les ans de même ont tracee
Comme vn charroy de grand chemin,
Grand visage où l'effroy reside
Qu'vn grãd brandon caché luy ride,
Ainsi que feu de parchemin.
Quand ie voy cette teste, antee

Dans une fraise mal montee,
Le col qui ne se peut plier,
Long & charnu comme une fléche,
Ie pense voir une cheuéche,
Dans une fueille de papier.
Quant ie voy que tout elle tremble,
Serrant les espaules ensemble,
Ie me figure auoir trouué
Vne leurette delaissee,
Galleuse, de souffre graissee,
Qui va trottant sur le paué.
Quand ie voy son teint étique,
Terny, pâle, melancolique,
Iaune, de l'enfleure de fiel,
Cet œil qui tousiours espionne
Qu'un crolle à l'entour enuironne,
De la chaleur de l'arc en ciel.
Quant ie voy un frond de malade,
Sophistique par la pomade,
De cuir usé pendant & flacq,
Qui mieux qu'une epacte commune,
Pour marquer la fin de la lune,
Sert de veritable Almanach.

Quãd ie voy l'horeur des ses levres,
Ie pense à ceux qui ont les fievres,
Tremblant aux frissons de l'accez,
Et de la façon i'imagine,
La triste teste & noire mine,
D'vn qui a perdu son procez.

Quand ie voy la laide grimace,
Non plus sa grace, mais sa glace,
Ses pas accoursis & traisnez,
Et quant au cabinet elle entre,
Pensant qu'elle ait le flux de ventre,
Soudain ie me bouche le nez.

Quand ie pense aux hemorroydes,
De bourbe & de sang noir humides
Qui luy bordent égallement,
Le fondement & la nature,
Tout cela n'est que couuerture,
Qui ioinct auec le fondement.

En fin ie dis en ma pensee,
Cette femme cicatrissee
Qu'vne peau noire & flasque ceint,
Si ce n'est la mort elle mesme,
C'est la peinture de Caresme.

Ou celle du Vendredy sainct.

Mary ta vie est bienheureuse,
Ta femme n'est plus amoureuse,
Qui d'une becasse a le cu,
Et sans qu'un martel t'importune,
Tu cours plustost la fortune
D'un ladre vert que d'un cocu.

EPIGRAME.

L'Ire dans les eaux de ses yeux
Submerge ses lis & ses roses,
Elle dit beaucoup d'estranges choses
Contre l'iniustice des cieux.
Ne pensez pas qu'elle se pleigne
D'auoir perdu sa belle enseigne,
Son carquan & ses bracelets,
Non, non, la cause de sa peine
C'est la mort d'un de ses valets
Qui foutoit six fois la sepmaine.

SONNET.

Par le sieur de Sigognes.

MArgot en vous peignant ie vous pince sans rire,
Asseurez vostre grace, à ce coup, c'est de bon,
Ie vous veux crayonner de la peau d'vn iambon,
Et faire mon pinceau de l'argot d'vn satyre:
Ie vous faits les sourcis de gouldron de nauire,
L'œil de cocque de moûle, & les dẽts d'vn charbon,
Le front de merlucuit, la barbe d'vn chardon,
La bouche d'vne esponge & le manton de cire, (souris,
L'oreille de la peau d'vne chauue-

L'esclat de vostre teint de crottes de
Paris.
Et puis ie vous veux mettre en taille
douce fine.
Au bout d'vn grand baston ainsi
qu'vn pape-guay,
Et que châque passant le premier
iour de May,
Sallice d'vn crachat vostre chienne
de mine.

QVATRIN.

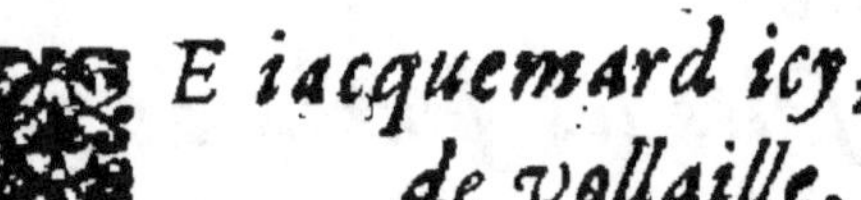

E iacquemard icy, ce marchand
de vollaille,
Auec son nez camus, voyez comme
il est faict,
Vous diriez à le voir vn marmot
contrefaict,
Ou de quelque manant qui va payer
sa taille.

STANCES,

Par le sieur de Sigognes.

Ette petitte dame au visage de cire,
Ce manche de couteau propre à vous faire rire,
Qui a l'œil & le port d'un antique rebec,
Merite un coup de bec.
Elle a la bouche & l'œil d'une chatte malade,
L'auguste maiesté d'une vieille salade,
Sa petitte personne & son corps de brochet,
Ressemble un trébûchet.
La voyant pasle & triste en sa blancheur coiffee,
Les dieux de nos ruisseaux l'estiment une Fee,

Les autres un lappin reuenant du
boüillon,
Ou bien un papillon.
Le moindre petit vent, pour soulager
sa peine,
Comme un vent de lutins la porte
à la fonteine:
Car elle poise moins la Nimphe du
iardin,
Que son vertugadin.
Ie consacre en ces vers sa teste de li-
notte,
Afin que tous les fols en fassent leur
marotte,
Et veux que de son corps mistement
damoiseau,
On en fasse un fuseau.

EPITAPHE.

IE suis mort, d'amour entrepris,
Entre les iambes d'une Dame,

Bienheureux d'auoir rendu l'ame
Au mesme lieu où ie fus pris.

AVTRE.

Nud du Ciel ie suis descendu,
Et nud ie suis sous cette pierre,
Donc pour estre venu sur terre
Ie n'ay ny gaigné ny perdu.

LE IEV DV TOTON.

Par le Sr. Motin.

A Ce Toton ta main sçauante,
Selon le temps donne le tour,
Et moy d'vne façon plaisante
Ie te veux passer en amour.
Pour passer ma melancolie
Vn iour la belle Ianeton
D'vne façon des plus iolie

M'entreteint au ieu du Toton.

Cette fille toute follastre,
S'assit dessus vn oreiller,
Et m'ouurant sa table d'albastre,
Me fit pres d'elle agenoüiller.

Tanté de guain & de la gloire
Qui s'offroit à moy sans trauail,
Ie tiray mon Toton d'iuoire
Marqué de branche de corail.

Aussi tost d'vne main paillarde,
Et par vn coup anticipé,
La belle tourna, fretillarde,
Et commença par accipe.

Voyant vne humeur tant accorte,
Et le ieu si bien ordonné,
Ie la laissay ioüer, de sorte
Qu'apres elle fit vn pone.

Que ie recommence, dit elle,
Ie serreray mieux le baston,
Ia s'en est fait, la chance est telle,
Qu'en fin i'ay gaigné le Toton.

Elle s'emporte d'allegresse,
Et suiuant l'heur qu'elle auoit eu,

Reprend le Toton & le dresse,
Aussi tost qu'il est abatu.
Ses mains au ieu bien assorties,
Continuoient à m'esgayer;
Mais ie perdis tant de parties,
Que ie n'eus plus de quoy payer.
La belle me voyant sans feinte,
Plustost recreu que degousté,
Print le Toton & fut contrainte,
De le tourner sur demite.
Dieu, que ce ieu m'est delectable,
Me dit à l'heure Ianeton,
Ie seruiray souuent de table
Si tu veux fournir de Toton.

EPITAPHE.

CY gist Iacquet le plus infame,
De tous les cocus du bordeau,
Qui voulut qu'on blustast sa femme,
Pourueu qu'il en fut macquereau,
Il fut à chacun fauorable,

Tant qu'il vécut en l'vniuers:
Ore qu'il est auec le diable
Il est macquereau des enfers.
Il est mort, non d'vn coup de lance,
Mais, helas! d'vn coup de patin,
En disputant la preference
Auec madame du Moulin:
Les macquereaux tristes & mornes
D'vn si piteux euenement,
L'ont mis dedans ce tas de cornes
Iusques au bout du iugement.

EPITAPHE D'VN poëte satyrique.

CI gist vn poëte satyrique,
Qui l'art d'Amour sceut ensei-
gner,
Dames, gardez qu'il ne vous picque,
Ou qu'il ne vous face picquer.

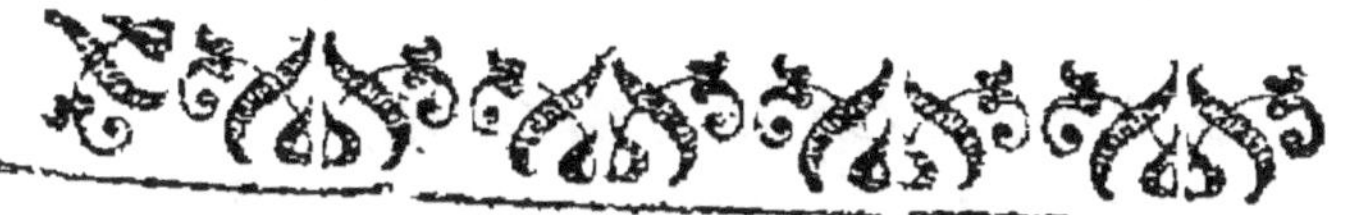

DIALOGVE DE L'AME DE VILLEBROCHE, PARLANT à deux Courtisanes, vne des marests du Temple, & l'autre de l'isle du Palais.

Par le sieur Regnier.

AV plus creux des ronces fortes
Ou de mes dépoüilles mortes,
Est le seiour inconneu,
O passions, des macquerelle,
Vieux orislans de pucelle,
Vostre discord est venu.
Ie suis le rouge Villebroche
Au nez plat, à la dent croche,
Court & rond comme vn baril,

Vers ſatyriques.

Qui de la baſſe pratique
Fait vn traffic antique,
Prinſe des poiſſons d'Auril.
Mes cheres ſœurs & compagnes,
Qui comme carpes brehaignes
Frayez & vous faites pas,
Ou du moins ſi vous faittes
Tenez vos couches ſecrettes,
Ie veux finir vos debats.

A LA COVRTISANE des mareſts du Temple.

QVi peut ſur toute la terre,
A vous, plus claire que verre,
Grande lezarde porte-fard,
Guilledine deſtraquee,
Vieille pucelle eſtriquee,
Se comparer à voſtre art?
Quelle grace de nature
Quand voſtre teſte entorture,
Plus raſe que cocque d'œufs,

Veut ou compter ou escrire
Ce qu'il faut ou faire ou dire
Pour le commerce ioyeux.
Qui peut les vertus comprendre
De la delicate cendre
Qui de vos perruques sort,
Quand vos doigts en carbonade
Frippent sur vostre pelade
Les raclures d'un cuir mort.
Quiconque en vse en breuuage
Pert soudain son pucelage
Tous tant soient ils bouchez,
Par l'effort de cette poudre,
Sont comme au coup de la foudre
Ou des canons débouchez.

A CELLE DE L'ISLE du Palais.

MAis dites moy, grande fille,
A peau plus rude qu'estrille,
Museau de pomme de pin,

Teint d'orange & d'écarlatte,
Cuisse maigre, molle & platte,
Idolle de sainct Cresbin.
Qui peut à vos artifices
Auec souplesse, malices,
Arts, pratique & desseins,
Conseils, discours, esperances,
Attraits, attaque, deffences,
Trouuer remedes certains.
C'est chose toute certaine,
Au lieu de bois de balaine
Que vostre vertugadin
Est bardé de pucelages,
Dont en toute sorte d'âges,
Vous allez faisant butin.
O dame chaste & pudique,
Qui par vn art empyrique
Tirez comme à l'alambic
D'vne douce violence,
Des Dames la quinte essence
Que vous seruez au public.

A LA COVRTISANE des marests du Temple.

ET vous, manche de guiterne,
Souple cõme vn cat qu'on berne,
Guaine à mettre cousteaux,
Embompoint de solle fritte,
Visage de trufle cuitte,
Buandire aux vieux drapeaux.
L'image de la mort blesme
Ne ressemble qu'à vous mesme,
Sorciere allant au sabbat,
Medaille d'vne Sibille,
Poire, pomme, femme, fille,
Raue, voire vieux cabat.
De vostre pense distille
Vne liqueur comme l'huille,
Gluante ainsi que la poix,
Rengeant quiconque la touche,
Fut-il mort comme vne souche,
Sous les amoureuses loix.

CELLE DE L'ISLE du Pallais.

A Vous tuyau d'écritoire,
Espoucette toute noire,
Aparement de bordeau,
Et les clefs & les serrures:
Mais vos petites dorures
Ne vallent pas vn fuseau:
Vous me direz que Perrette
Sur son lict dans sa cassette
N'a qu'Opales & Grenats,
Prou de soye, frize & laine,
Serge, estamine, futaine,
Camelot, & taffetas.
Il est vray ie le confesse,
Elle ne fait plus la presse
Aux estoffes de haut prix:
Mais vous auez pour parade
La robbe de demy Ostade,
En chambre le manteau gris.

LA COVRTISANE des marests du Temple.

DAme d'honneur sans exemple,
Vous auez autel & temple
Que de crotte on bastira:
Et là tout ce qui se rauaude
A vous, saincte Brunehaulde
De bougie s'offrira.

A vous la Samaritaine,
Qui d'vn brin de margeolaine
Les fesses vous couronnez,
S'offriront à charette
Des lettres en paquette,
Et des ballets suranez.

Sus donc, gentille guenippes,
Prenez vos plus belles nippes,
Sans vos attifaits laisser,
Coiffez vous de poire molle
Vous aurez mine d'idolle,
Et vous feray enchasser.

A TOVTES LES DEVX.

Bref, pour vous vnir ensemble,
Ne détracquez point vostre amble,
Et pour le faire plus court,
Vous deux en vallez cent mille,
Que l'vne serue à la ville,
Et l'autre serue à la Cour.

DE IEANNE.

Ie ne dorts de toute la nuit,
Et ce n'est ny douleur ny bruit,
Qui du sommeil m'oste l'vsage,
C'est que ie songe à mes amis,
Ce que Ieanne aime dauantage,
Ou mil escus ou mil vits.

L'AMOVR MACQVEREAV.

Par le sieur du Gayuerger.

SATYRE.

PHilon, voicy que ie t'enuoye,
Escrit de la plume d'vne Oye,
Dessus la peau d'vn vieil tambour
Ce qui m'arriua l'autre iour.
I'allois à grands pas par la ville,
Songeant à la guerre ciuille,
Aux poulles, poullets & lappins,
Qu'ont mangé tant de carabins,
Depuis l'vn iusqu'à l'autre Pole,
Alors qu'Amour ce petit drole,
Habillé comme vn macquereau
Qui morgue vn valet de carreau,

M'apparut pres le pont au change;
Son pourpoint de couleur d'orange,
Estoit par tout si bien usé
Que l'animal le plus rusé
Qui fut sorty de sa chemise,
N'eust peu iamais y auoir prise,
Bien que ce fut asseurément
Le plus dispost d'vn regiment:
Son manteau fait d'vne estamine
Auoit vn peu meilleure mine,
Sinon qu'on y voyoit les poux
De rang se monstrer pres des trous:
D'où, sans acquitter leur peage
Par force ils se faisoient passage,
Pour se guinder droit au collet
Qui ne tenoit qu'à vn filet.
Pour décrire son hautdechausse,
Il estoit d'vn vray frippe saulce,
Qui en la feste d'vn Mardy gras
Fait chere de cul & de bras,
Et qui pour secrettes cachettes
Remplit de lardons ses pochettes.
Estant donc de ceste façon,

Amour ce follastre garçon,
Pourueu d'vn si bel equipage,
Me vint à tenir ce langage:
Monsieur si l'on peut des mieux
Faire iugement par les yeux,
Des hommes qui ont du courage,
Et qui sçauent par vn vsage
Ce qui est au monde decent,
Ie suis du monde cognoissant:
Si ore en vous ie ne rencontre
Ce que vostre mine demonstre.
Donc, Monsieur, si vous desirez
De guerir vos sens alterez
Par vn feu d'amour qui vous mine,
Ie scais vne beauté diuine,
Non pas vne, mais plus de cent,
De qui vous irez iouissant,
Et qui s'estimeront heureuses
D'vn tel que vous estre amoureuses,
Qui scauez les recompenser,
Vous n'auez donc plus qu'à penser
Si vous desirez de me suiure;
Moy connoissant comme il faut viure,

Et en voyant l'œil éueillé
De celuy qui m'auoit parlé,
Auquel i'apperceuois vn geste
Moins humain qu'il n'estoit celeste,
Ie luy respondis posément,
Qu'il auoit fait bien gallamment,
De m'aborder de la maniere
Sans me déguiser la matiere,
Et que sur ce qu'il m'auoit dit
Ie me fiois à son credit:
Afin de passer la iournee
Qu'à l'amour i'auois destinee.
Cèla dit, sans beaucoup parler
Mon macquereau s'en va driller,
Et enfillant vne grand' ruë
Il rencontra Dame Meruë
Maistresse passée à pecher,
Qui vint aussi tost le toucher,
Luy au mesme temps luy fait signe
Que i'estois vn seigneur insigne,
Qu'il menoit droit en sa maison,
Pour y voir de la venaison.
Meruë sur cela s'aduance,

Et dans

Et dans quatre pas nous deuance,
Afin que premiere chèz soy
Elle me pût fournir dequoy
Contenter mes humeurs diuerses.
Apres doncques quelques trauerses
Et des tours vn peu r'allongis,
Nous nous trouuons pres du logis
De Merüe, où s'ébat la bourre,
Là où mon macquereau se fourre
Comme vn gros tourbillon de vent,
Que ie fus aussi tost suiuant:
Ce qui fit que nous y entrasmes
Presque ensēble, où nous rencōtrâmes.
Merüe qui pour son debuoir
Riante nous vint receuoir,
Et nous dit qu'à la bonne heure
Nous entrissions à sa demeure:
Cela fait nous entrons dedans
La où ie voy des yeux ardans
A mes costez bien tost paroistre,
C'estoit quatre biches de cloistre
Qui estoient pour l'heure en relais,
Elles portoient diuers collets

Et differantes cheuelures,
Deux auoient pareilles coiffures
Que celles qu'on voit à Anuers
Mais vn peu mises de trauers:
En suitte estoit vne Bourgeoise
Aussi vermeille qu'vne ardoise,
Aussi replette qu'vn fagot,
Et aussi grande qu'vn Magot,
Qui voyant qu'on ne vouloit d'elle,
Se mit derriere vne ruelle,
Où en rechignant d'vne dent,
Maudissoit là son ascendant,
Pour la derniere elle estoit telle,
Qu'elle eust seruy de macquerelle,
N'estoit qu'ayant des affiquets,
Elle estoit bonne à des laquais.
Ore voyant Dame Meruë,
Que ie n'estois pas vne gruë,
Pour me ietter à tout gibier,
Me tira pour lors à quartier,
Et me dit tout bas à l'oreille
Qu'elle aueit bien vne merueille;
Mais au reste vn morceau de chair,

Par sa foy qui estoit bien cher,
Que c'estoit vne Damoiselle,
Entre les belles la plus belle,
Qu'elle logeoit depuis deux iours.
Apres donc vn si beau discours,
Ie luy responds que les parolles
En amour n'estoient que friuolles,
Si l'effet ne s'en ensuiuoit:
Partant que si elle peuuoit
Effectuer bien tost son dire,
Qu'elle ne me tint en martire:
Ce qu'elle accomplit sans parler;
Car ie la vis soudain aller
Ouurir l'huis d'vne garderobbe,
Qui ouuert i'aduisay la robbe
De cette merueilleuse beauté
Et non point de pudicité:
Sur cela ie m'aduançay viste
A fin de la prendre en son giste,
A quoy plus prompte elle preuint:
Car aussi tost elle s'en vint
Paroistre à moy dedans la chambre,
Sentant le fard, le musc & l'ambre:

A l'obiect d'un si beau soleil,
Qui rauit mon cœur de son œil,
Mon ame se sentit atteinte
D'amour, d'esperance & de crainte:
Mais à la fin Amour vaincœur
Me vint à releuer le cœur,
Ce qui fit qu'à cette merueille
Ie dits presque chose pareille,
Que ie rendois grace à l'Amour,
Et que ie benissois ce iour,
Qui d'une faueur non commune
M'auoit donné telle fortune,
Que de voir un si rare obiect:
Ce qui faisoit qu'à ce subiect
Ie la pryois que la main-mise
Me fut sur elle permise,
Passant quelques heures de temps
Pour rendre mes desirs contens,
Et qu'au surplus touchant le reste
Ie luy ferois un don honneste,
Outre celuy-là de mon cœur,
Et que i'estois Esrogueur.
A ces mots ceste belle garce

Commence à redoubler sa grace,
Et reprenant son quant à moy,
Me dit qu'il falloit voir dequoy,
Ie couchois dessus une table
Et qu'il n'estoit pas raisonnable
Deuant que de voir des escus
Que ses dedains fussent vaincus,
Et que les plus belles parolles
Estoient de monstrer des pistolles:
Par ces mots ie me sens picqué
Et trop viuement attaqué,
Toutefois succrant ma moustarde
Ie luy dicts qu'elle estoit hagarde,
Vers un cœur qui n'estoit touché
Ny nullement entaché
Du vice de mescognoissance.
Ce propos nostre garce offence
Qui me dit en mots empoullez.
Allez, monsieur, monsieur allez,
Allez chercher de ces idoles
Qui se repaissent de parolles,
Ie ne suis pas de celles là
Qui pour un peu fassent cela.

Adieu marchand, or sus, à d'autres,
Ie voy que vous n'estes des nostres.
A cela ie suis transporté,
Et de fureur tout agité,
I'auois desia pris la posture,
Pour dire à cette garce iniure,
Quand voicy qu'amour macquereau
Qui m'auoit mis en ce bordeau,
Apparut soudain à la porte,
Non point habillé de la sorte
Qu'il paroissoit auparauant:
Mais vestu comme il est souuent,
Il auoit sur son dos ses aisles,
Et son carquois soubs ses aisselles,
Son bandeau luy couuroit les yeux,
En fin, tel qu'il aux cieux,
Il parut à la garce auare,
Et de m'aborder se prepare.
Me disant, ô Lizis, voy-tu
Quelle est maintenant la vertu
De la beauté qui est fardee,
Tu n'as pas eu l'ame guidee
Pour voir ce reste de la Cour

Qu'aussi tost ta surpris l'amour,
Ne pensant pas de la cognoistre,
Mais tu sçauras bien tost son estre.
Disant cela, de son carquois
Il touche la garce deux fois,
Qui parut tout aussi tost telle
Qu'vne vieille sempiternelle,
Qui ayant presque six vingts ans,
N'a dans sa bouche aucunes dents:
Car ie vis en elle sur l'heure
La face de couleur de meure,
Le nez non trop mal fait, sinon
Qu'il sembloit celuy de Guenon,
Ses yeux estoient luysans de cire,
Et pareils à ceux d'vn satyre,
Son sourcil gros & rebroussé,
Comme vn chardon desia passé,
Sa bouche estoit vn cul de poulle,
Et son menton comme vne boulle,
Son sein paroissoit tauellé
Comme vn cocq d'Inde griuellé,
Sa mamelle estoit toute platte,
Et blanche comme vne sauatte:

Mais i'allois oublians ses dents,
Là où l'on voyoit dedans
La roüille, le chancre & la crasse,
Y tient vne mesme place;
Pour son corps il estoit si laid
Que le demon le plus follet
Et plus amoureux de la femme
Quitteroit & cornes, & ame
Afin de ne point s'adresser
A ce corps pour le carresser.
Comme donc auec merueille
I'épluchois ceste nomparille
Depuis l'vn iusqu'à l'autre bout,
Amour me dit ce n'est pas tout
Il faut que tu sçache au reste
Quelle est ceste superbe beste.
Schaches donc qu'en ses ieunes ans
Ses parens assez suffisans
Luy apprirent comme il falloit viure
Mais elle negligeant de suiure
Le chemin par eux enseigné,
Se mit d'vn cœur tout dédaigné,
A seruir vne Damoiselle,

Qui apres l'habilla comme elle,
Et luy enſeigna le-meſtier,
Et la mit droit au ſentier
Là où la femme peu honneſte
Va plus du cul que de la teſte.
Ors donc comme elle euſt appris
Le ieu d'vne ſalle Cypris,
Vn Gentil homme de Bretagne
La fit marcher par la campagne
A la ſuitte d'vn regiment,
Où elle apprit le mouuement,
Et les meilleurs tours de ſoupleſſes,
Qu'on fait en remuant les f.ſſes:
Apres elle vint à Paris
Armee de tant de ſoubs-ris,
D'attraits, de diſcours & de charmes,
Qu'elle fit delaiſſer les armes
A vn nombre de Cheualiers,
Qui bien qu'ils fuſſent les pilliers
Des lieux où ſe fait l'exercice,
Si luy quitterent ils la lice.
Lizis auſſi ta la ſuiuis
Et ce fut elle que tu vis

Pres des murailles du Temple:
Ors pour le present contemple
Quel est le renom glorieux,
Des cœurs trop auaricieux,
Voy, Lizis, commme ie guerdonne
Celle qui pour l'argent se donne,
Et puis apres tu seras seur
Que l'amour qui n'est possesseur
Que d'escus & force pistolles,
Ne l'est que de choses friuolles.
Adieu donc, & apprends de moy
Qu'en macquereau venu vers toy,
Ie t'ay donné la connoissance
D'vne legitime vengeance.
Adieu, & sans aucun dédain
En mon nom cheris le gredin,
Et caresses les macquerelles
Qui te fourniront de pucelles.
Amour n'eust finy, que voila
Que par l'air ce Dieu s'enuola,
Laissant tousiours en ma pensee
La chose qui s'estoit passee,
Laquelle, mon Philon, ie te dits,

Afin qu'à tousiours soient maudits
Les hommes qui pour estre drolles
Font l'amour à coups de pistolles,
Et qui veullent à nombre d'escus
Faire ceux de Paris cocus.

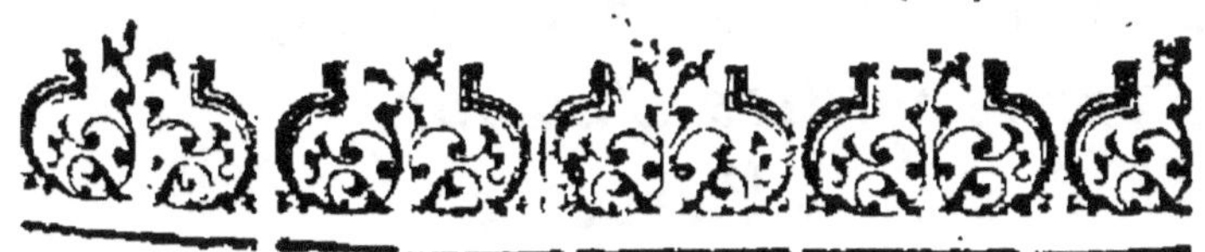

DIALOGVE DE PERRETTE, PARLANT A la diuine Macette.

Par le sieur de Regnier.

Perrette.

PLus luisante que n'est du verre,
Seiche comme vn pot de terre,
Tondue comme vn Prelat,
Ie viens des bords de Garonne
Prostituer ma personne
A tout lubrique combat.

Vers satyriques.

Macette.

Plus claire qu'vne lanterne,
Faite en manche de guiterne,
Brillante comme le iour,
Ie viens de courre les rües,
Faisant mille & mille veües,
Pour le mistere d'amour.

Perrette.

Ie suis la Samaritaine
Qui n'ay ny rente ny domaine,
Que le fruict de ma vertu,
Aussi n'y a t'il en France
Cheualier qui à la lance
N'ait contre moy combatu.

Macette.

Ie suis Vrgande l'antique,
Qui ne vit que de pratique,
Inimitable en mon art,
Ardente comme vne mèche
Doüillette comme vne flèche,
Ayant plus d'os que de lard.

Perrette.

Ie suis ceste grande fille

Que le petit traine-ville
Dans le bois dépucella,
Deſſus la Roſe nouuelle,
Mais ie n'eſtois pas pucelle,
Comment dont ce fait cella?

Macette.

Et moy ceſte femme fille
Tant commune en ceſte ville,
Qui perdit au ieu d'amours
Cela que chacun appelle
La fleur de toute pucelle
Et ſi la garde touſiours.

Perrette.

Sy vous me voyez en maſque,
Portant perruque ſur caſque,
Et le feu dans le Muſeau,
En cela ie vous explique
Les ſecrets de ma boutique
Comme dedans vn tableau.

Macette.

Ie ſuis d'vne eſtrange vſage
Vne fille en ſon veufuage
Qui a ſous le bout du buſc

Vers satyriques.

Vn morceau de bonne prise,
Gardant choses si exquise
Entre les roses & le musc.

Perrette.

Ie porte en casque honneste,
Pour n'auoir point de teste,
Le teint de fard placqué,
Estant infiniment laide,
Le feu qui dedans excede
M'en a le dehors masqué.

Macette.

Ie suis ce grand vœu de cire
Que l'on offroit à sainct Cire
Pour l'enfleure des roignons,
Que ie gueris sans pistache,
Ny sans huile que l'on écache,
Comme on faict des oignons.

Perrette.

I'ay les talons armez d'ailles,
Pouuant atteindre par elles
A la vistesse du vent,
Mais en armant mon derriere,
De la differente matiere,
Ie desarme mon deuant.

Mecette.

Mercure eut des pieds aux aisles,
Et moy dessous les essailles,
Comme les chauue-souris,
I'ay la blancheur de la meure,
Et ris alors que ie pleure,
Et si pleure quand ie ris.

Perrette

Ie suis d'amour si diuine,
Qui des arts de Celestine
Amplifie tous les tours,
Et celuy que celuy blesse,
Comme vne grande Déesse,
M'inuoque pour le secours.

Macette.

Ie fais par mon eloquence,
Mettre l'esprit en vaillance,
Et les armes manier:
Ie puis amollir les roches,
Doubles trottent en mes poches,
Ainsi que rats en garnier.

Perrette.

Braue en l'amoureuse guerre,

De moy-mesme ie m'enferre
Et de disposte façon
De mes amours homicide
Ie faits perdre selle & bride,
Estriers, sangle & arson.

Macette.

Et moy lors que i'entre au couple,
Mon mouuement est si souple,
Qu'il fait feu comme vn fusil,
Surpassant l'arc qu'on décoche,
Mais moy & mon petit coche
Ne pesons qu'vn grain de mil.

Perrette.

Ie romps pourtraict & croupierre
Tant i'ay la crouppe legere
Et le mouuement soudain,
Mais pourtant rase la teste
Celuy qui picquoit la beste
Ne se peut tenir au crain.

Macette.

L'hiuer & l'esté ie sue
Et qui me touche s'englue
Comme fourmy dans le miel:

I'ay de fer & non de verre
Tousiours le cul contre terre,
Et les yeux dedans le Ciel.

Perrette.

En France ie represente
Vne momie viuante,
Vne picque sans fourreau,
Vne vielle, vne lime,
Et qui me voit il m'estime
L'épousee d'vn boureau.

Macette.

Dans Paris ie tiens escolle
Et chacun chez moy s'enrolle
Soubs les bannieres d'amour,
Tenant des art habille,
Et le bordel dela ville
Et la banque de Cour.

Perrette.

I'ay par inpudic vsage
Détournez maints pucelage
A la chasse du connin,
Comme les mousches gesnees
Aux toilles des arregnees,

Dont ie porte le venim.

Macette.

Moy déployant ma boutique,
Tant i'ay loüable pratique,
Vn seul ne vent mon deuant,
Ainsi qu'vn gueux de voirie
Passe par la rotisterie,
Pour n'en humer le vent.

Perrette.

Au cul me pendent sonnettes
Comme ferrets d'éguillettes,
Mes nerfs siffrent sur mon corps:
En fin toute ie ressemble
A vn mullet qui est hors d'amble,
Et qui ne peut porter le mors.

Macette.

Or me voila deuenuë
Pauure, laide, maigre & nuë,
N'ayant ny cheueux ny dent,
Et ce qui me met en peine,
Peut estre la peau pleine,
Soufflez, ce n'est que du vent.

Perrette.

Et moy bien tost vieille & laide,
Mais c'est vn mal sans remede,
C'est tout ce que i'ay vécu,
Voila la grande darette,
Ie suis d'auis que l'on luy mette
Vne margeoleine au cu.

Epigrame sur Lisette.

Vn iour que madame dormoit,
Monsieur branloit la chambriere,
Et elle qui la dance aimoit,
Remuoit des mieux le derriere:
En fin Lisette qui alloit
Tousiours fort bien à la cadence,
Se faschant qu'elle ne parloit,
Dit à Monsieur, en conscience,
Qui le fait mieux Madame ou moy.
C'est toy, dit il, Lize, que i'aime
Sainct Iean dit-elle, ie le croy,
Car vn chacun m'en dit de mesme.

DIALOGVE DV JACQVEMARD ET DE LA *Samaritaine du pont neuf.*

Par le sieur Motin.

Iacquemard.

Rare honneur du pont neuf, belle Samaritaine,
Vostre amy Iacquemard vous donne le bon iour,
Il vous escrit ces vers pour vous rendre certaine
Combien depuis deux iours il a pour vous d'amour.

La Samaritaine.

Roy de ce vieux donion où les demons se cachent,

Veillant comme vn dragon, Iacquemard mon soucy,
Ie veux que tous les Dieux & tout le monde sçachent,
Si vous m'aimez biẽ fort, que ie vous aime aussi.

Iacquemard.

Les vents plus frizottez qui sortent de la Seine,
M'ont conté la grandeur de vos perfections,
Depuis si i'ay vécu, ie n'ay vécu qu'en peine,
Vous dédiãt ma vie & mes affections.

La Samaritaine.

Depuis deux ou trois iours l'vne de ces corneille
Que l'on voit si souuent sur vos bras s'abaisser,
De vos rares vertus m'a conté la merueille,
Et depuis ce temps-là ie n'ay peu reposer.

Iacquemard.

Ie vous garde vn beau nid de Crecerelles grises,
Qui s'ébattent ensemble, & volleröt demain,
La nature desia les a si bien apprises,
Qu'elles viennent souuent becqueter en la main.

La Samaritaine.

Ie vous garde vn present de mitaines fort bonnes
A réchauffer vos mains, qui tiennent ce bestail,
Et lors que les chaleurs halleront les personnes
Vous aurez de mon coffre vn pareil esuentail.

Iacquemard.

Ie veux que les grands vents vous donnent pour aubades
Les abois des mâtins, & les cris des hibous,
Et que mille demons facent des Serenades,

Déguisez en corbeaux tout à l'entour de vous.

La Samaritaine.

Mon cœur, vous n'entendez qu'vne triste musique,
Les cris du chat-huant, les heurlemēs du loup,
Et moy i'entends siffler les courtaux de boutique,
Et dix mille laquais qui chantent le filou.

Iacquemard.

Ie ne faits rien icy que sonner vne cloche,
Au lieu de commander à quelque bataillon:
Mais s'il plaist aux destins qu'vn iour ie vous approche,
Ie m'attends de sonner vn autre carillon.

La Samaritaine.

Inuisible valeur, dont ie suis idolatre,

Que ne puis-ie le vol d'vn Autour
emprunter,
Ou que n'ay-ie vn vaisseau côme auoit
Cleopatre,
Pour chercher mon Anthoine & mes
yeux contenter.

Iacquemard.

Bien que le Ciel cruel contre nous
deux s'irrite,
Ie ne veux pas pourtant ceder à sa
valleur:
Mais imitant les Rois, dont l'orgueil
ie dépite,
Ie vous veux espouser comme eux par
procureur.

La Samaritaine.

O digne Iacquemard, la gloire vni-
uerselle,
L'attente de mon ame, & l'honneur
des maris,
Aimez moy de bon cœur, si ie ne suis
pucelle, (à Paris.
N'esperez pas iamais en trouuer à

EPI-

EPIGRAME SUR IEANNE.

Par le Sr. Motin.

TOn chose ce dy-tu,
A si peu d'ouuerture,
Qu'vn V. moindre qu'vn festu,
Y seroit à la torture:
Ie me ris de ces discours,
L'homme soubs qui tous les iours,
Tu donne tant de secousses,
Te fait il pas accorder,
Qu'vn gros V. de 15. pouces,
Te fout sans t'incommoder?

STANCES,

AVoir le cœur tout plein de flame
Et faire les doux yeux aux Dames,

Cela se peut facilement,
Mais de pouuoir en sa vieillesse
Iouïr d'vne belle maistresse,
Cela ne se peut nullement.
Auoir quatre chaussons de laine,
Et trois casaquins de futaine,
Cela se peut facillement,
Mais de dancer vne bourrée,
Sur vne Dame bien parée,
Cela ne se peut nullement.
Dire par tout qu'il est habille,
Reprendre Homere, & Virgille,
Cela se peut facilement:
Mais bien qu'il soit d'auis contraire,
De croire qu'il puisse mieux faire,
Cela ne se peut nullement.
Estre contraint en sa parole,
Auoir dans ses os la verolle,
Cela ce peut facilement:
Mais bien qu'il soit hors de furie,
Que ceste galle soit guerie
Cela ne se peut nullement.
Venter en tous endroits sa race,

Plus que celle des Rois de Thrace,
Cela ce peut facilement:
Mais que pour les armes d'Hermine
Il ait beaucoup meilleure mine,
Cela ne se peut nullement,
L'Espagnol en François traduire,
Pour faire la vertu reluire,
Cela se peut facillement:
Mais que son esprit trauaille,
De faire pourtant rien qui vaille
Cela ne ce peut nullement.
Estre six ans à faire vn Ode,
Et faire des loix à sa mode
Cela ce peut facillement,
Mais de nous charmer les oreilles,
Par sa merueille, des merueilles,
Cela ne se peut nullement.

A MELIZE.

POur moy, le meilleur que ie voye
C'est que vostre amoureux tracy,
De la ruë de la Monnoye,
Vient en celle de Bestisy.

SONNET.

Par le sieur de Sigognes.

VOstre teste ressemble au marmouzet d'vn cistre,
Vos yeux au point d'vn dé, vos doigts vn chalumeau,
Vostre teint diapré les serres d'vn ormeau,
Vostre peau le reuers d'vn antique registre.
Vostre gorge pendente vn bissac de (belistre.

Vostre vieil embon-point à celuy d'vn ormeau,
Vostre langue en couleur à celle d'vn chameau,
Vostre bras à du plomb qui soustient vne vistre,
Vous passez soixante ans, faux fourreau de haut-bois,
Vous auez veu regner neuf Papes & cinq Roys,
Et vous estes vestüe encore à la moderne,
Troussez vostre pacquet, vieille c'est trop vescu,
On vous fera seruir à Paris de l'anterne,
Sy vous pouuez souffrir vn flambeau dans les cul.

L'HIMNE DV Macquerellage.

Par le sieur Motin.

SOit l'ignorance ou la malice,
Qui nous cache la verité
Souuent l'humaine impieté,
Pense que la vertu soit vice,
Tenant pour acte miserable,
Le macquerellage honorable.

Sage mestier sur qui se fonde
L'air, la mer, la terre, & cieux
Present le plus delicieux,
Que Iupiter ayt fait au monde;
Ce Iupiter qui tout adore,
Qui fait macquereau de Pandore.

Et sa femme à qui l'on immolle,
Des Paons l'orguilleuze beauté,
Graue en pompeuse deité.

Quand elle fut trouué Yolle,
A fin qu'il vengeast sa querelle
S'offroit d'estre sa macquerelle.
Le Soleil qui fait la lumiere,
Fut le macquereau quelquefois.
Mercure en inuenta les Loix,
Venus les cōneut la premiere,
Elle & son fils par ceste office,
Eurent temples & sacrifice.
De nos vieux peres la prudence
N'a point ce bel art limité,
D'vne seule diuinité,
Elle en faisoit vne abondance,
Et sous d'infinité d'yeux limage,
Adoroient le macquerellage.
Ceux de qui la gloire immortelle,
Rend leurs faits de gloire animez,
Furent macquereaux renommez,
Alexandre l'estoit d'Apelle,
Qui fut en sa valleur hautaine
Macquereau comme capitaine.
Ces deux grãds Catõs dequi l'ame,
Brauoit les plus forts accidents,

Estoient deux macquereaux, prudẽts,
Le ieune le fût de sa femme,
L'autre aux vallets par auarice
Vendoit l'amoureux excercice.
Ainsi les Empereurs Antiques
Des Romains illustres guerriers,
Ceintade, palmes & de lauriers,
De l'amour vendoient les pratiques,
Sans s'estimer estre profanes,
Tirant tribut des courtisanes.
Mais voyez comme la nature
Nous porte souuent au bon-heur,
Voyez combien de gens d'honneur,
Sont macquereaux par aduenture:
Et par vn mouuement contraire,
Font le bien sans le penser faire:
Combien voit vn de messieurs chiches
Qui pour leurs vallets aduencer,
Sont Macquereaux sans y penser,
En leur trouuant des femmes riches?
Et de peur de leur satisfaire,
Leur donnent vn lit pour salaire.
Ceux qui des loix monstrent l'vsage,

Nommez Oracles des citez,
Ces Dieux des Vniuersitez,
Adoroient le concubinage:
Si c'est mal, d'amour s'entremettre
En la prenant c'est le commettre,
Les Medecins en leurs receptes,
Pour eschauffer, pour conceuoir,
Pour estressir, pour faire auoir
Le teint plus beau, les dēts plus nettes,
Tant soient ils de soucis austeres,
Seruent aux amoureux mysteres.
Les saincts prescheurs de bon exēple,
Pratiquent cet art sans pecher,
Donnant pour les ouyr prescher
Vn beau subiet d'aller au Temple.
Combien d'amans y voit on rendre,
Plutost pour voir que pour entendre,
Que sont ceux qui des corps celestes,
Vont apprenant aux amoureux,
Les lieux heureux ou mal heureux,
Les heures bonnes ou funestes:
Ceux qui par les mains & la face
Connoissent la haine ou la grace,

Vers satyriques.

L'Alchimiste à la teste folle,
Qui parle de multiplier,
Celuy qui nous monstre à lier,
Les Cœurs d'vne belle parole,
Les historiens veritables,
Sont tous macquereaux charitables.

Qui ne sçait par experience,
Que la peinture à nud des corps,
La musique en ses doux accords,
Et des sœurs la belle science,
Qui d'amour escrit les merites,
De Venus sous les trois Carites.

Parfumeurs, Perruquiers, Orfeures,
Faiseurs de miroirs, émailleurs,
Gantiers, barbiers, brodeurs, tailleurs,
Tous artisans qui par leurs œuures,
Seruent aux delices humaines,
A l'amour consacrant leurs peines.

Le Ciel n'a point fait la nuit sobre,
Pour donner relâche à leurs bras,
C'est pour les amoureux combats
Qu'il donne la faueur de l'ombre:
Car de cent yeux il les regarde,
Et sans dire mot il les garde.

Ce grãd Ciel dõt tousiours degoute
Icy bas tout germe diuers,
Macquereau de tout l'vniuers,
Deuroit auoir dedans sa voûte,
Des macquereaux cẽt fois plus dignes,
Que des Dauphins d'estre des signes.

Le feu dont l'amour a sa braise,
Est macquereau comme element,
L'air l'est aussi asseurément,
De ce qui respire & qui baise,
Quand sur des leures demy closes,
Il se tourne en sucre & en roses.

La Mer des macquereaux enserre,
La macquerelle humidité,
Cause toute fecondité,
Et dans la Mer & sur la terre:
Ainsi dit on que la Ciprine,
Est fille de l'onde marine.

La terre preste ses ombrages,
Preste aux amans les lieux cachez,
Les places, temples, & marchez,
Là où pour sonder les courages,
Les Dames de beautez pourueües.

Vont pour voir & pour estre veües,
Au Ciel, en l'air en terre, en l'onde,
Le macquerellage a credit,
Et s'il n'est ainsi que l'on dit,
Qu'vne ame gouuerne le monde,
Qui le viuifie & l'enflame,
Le macquerellage en ceste ame,
La vertu Deesse aduouée,
Partant ce terrestre seiour,
La vertu prouocque à l'amour,
Quand vne femme est bien loüée,
La vertu qui la rend aimable
Est sa macquerelle estimable:
Bel art pour qui viuans nous sommes
Gardant les races de perir,
Bel art si l'on veut s'enquerir
Au plus sainct d'entre tous les hõmes,
S'il le pratique & qu'il le nie,
C'est mensonge ou plutôt manie.
Qu'au front la couleur ne te monte,
Toy qui lits ces vers Médisans,
Car ie les donne aux courtisans,
Qui sans foy, sans ame, & sans honte,

Du Macquerellage ſont gloire,
Comme les Allemans de boire.

SATYRE.

Contre vn cocu, jaloux, ſot & fâcheux.

Par le S^r. Motin.

QVel horrible demon vous à l'ame tentee,
Et fait qu'aux traits d'vn fol vos diſcours ſoient pareils,
Vous penſiez voir deux corps comme faiſoit Panthee,
Qui troublé de fureur penſoit voir deux ſoleils.
Voſtre femme eſtoit ſeulle, & l'apparence eſtrange
Vous a troublé les yeux, car cela n'eſtoit rien,

C'estoient illusions venant du mauuais ange,
Que vous deuez fuir pour estre homme de bien,
Pere de tout mensonge, esprit ie t'exorcise
De quitter ce pauure homme & ne troubler son heur,
Car estant fait ainsi comme l'on peint Moyse,
Tu le vas instruisant que c'est vn deshonneur:
Retirez vos pensees loing de cette imposture,
De peur de voir punir vostre credulité,
Croyant que vostre femme est de chaste nature,
Tant pour vostre repos que pour la verité:
Et si par aduanture autre que vous elle aime,
En prenant tout au pis, comme on fait aiourd'huy,

Pensez que chacun doit respondre de soy-mesme,
Et qu'on n'est point damné par les pechez d'autruy.
Ie voy bien que s'en est vne ombre imaginaire,
Vn honneur vous deçoit & vous rẽd glorieux,
Vous pechez, mon amy, comme fait le vulgaire:
Car on n'est point ialoux sans estre ambitieux.
Mais si le mal secret dont vostre cœur souspire
A des braues guerriers autresfois surmonté,
Et d'autres de ce temps que ie ne veux pis dire,
Endurez par exẽple, & par necessité.
Cest illustre Cæsar qui dompta tout le monde
Soubs l'effort merueilleux de son bras inuaincu,

Encore que sous luy fussent la terre & l'onde,
Sa femme n'y fut pas, car il estoit cocu.

Bien que ce braue enfant de Mars & de victoire
Fut la peur & l'honneur des plus braues guerriers,
Sur son front couronné par les mains de la gloire.
Les cornes s'éleuoient à l'enuy des lauriers.

Vous n'en auez pas plus, mais vous estes moins sage,
Pour en porter le faix, & pour n'en dire mot,
Vous auez moins de cœur, il eust plus de courage,
Et ne fut moins cocu, mais vous estes plus sot.

Bien-heureux toutesfois, car le ciel pour vous plaire,
Vous donne belle femme à contenter vos ans,

Si vous l'eussiez eu laide, il estoit necessaire
Que pour se faire aimer elle eut fait des presens.
Il ne vous coute rien de la voir bien seruie,
Elle veut au repos vostre âge reseruer:
Puis on dit que l'amour accourcit nostre vie,
Quand elle a des amans c'est pour vous conseruer.
Sa douceur au contraire, allume vostre audace,
La couleur de son teint vous rend pâle & défait,
La grace de ses yeux vous oste toute grace,
Et ses perfections vous rendent imparfaict.
Vous deuenez bourreau, pour vn mary fidelle,
Vous la payez d'iniure & non pas d'amitié,

La beauté, don du Ciel, est vn mal-heur en elle,
Qui vous sert d'vne esclaue & non d'vne moitié.
En la traittant si mal vous estes homicide,
Par amour on contraint ce qu'on ne peut dompter.
La femme est comparable au cheual fort en bride,
Il faut lascher la main à fin de l'arrester.
Ie pardonne à l'amant tenté de ialousie,
Quand il voit vn riual ses plaisirs retenant,
Encore qu'vn plus fin n'en ait l'ame saisie,
A cause que l'amour est vn lien reuenant.
Ne vous en faschez plus, c'est à la vieille mode,
Suiuez la destinee, & prenez tout au mieux,

Faut-il qu'à vos humeurs le destin
s'accommode,
Plustost que vos humeurs s'accommo-
dent aux Cieux?
O cœur lasche & défait venez à vous
connoistre,
Et ne vous donnez plus vous mesme
de tourment:
Bien vous estes cocu, mais ne pensez
pas l'estre,
Car l'estre & le penser c'est l'estre dou-
blement.

DE NAYS STANCES.

Par le sieur de Sigognes.

FIlle du Ciel & de l'annee,
Verité long temps condamnee,
A demeurer au fonds d'vn puits,
En fin ta fortune se change,

Et par la conduitte d'vn ange,
Ie te rencontre à vn pertuis.
O fidel pertuis d'vne porte,
Ce que l'apparence bien forte,
Ce que la raison ne pouuoit,
Ny du temps l'amoureuse histoire,
A la fin tu me feras croire
Qu'il faut croire ce que l'on voit.
I'ay veu par ton heureuse office,
Nays dont l'œil & l'artifice,
M'auoit le iugement blessé,
Nays dont la froideur honneste
Auoit produict dessus ma teste
Le froid du grand hiuer passé.
I'ay veu, mais quelle veuë,
Nays de cent graces pourueuë,
Non pas les voulant augmenter,
Et pour s'en conseruer l'vsage
Reparer dessus son visage,
Ce que les ans peuuent oster.
I'ay veu Nays la dedaigneuse,
Non pas de sa beauté soigneuse,
Rendursir son sein auallé,

Ou cet autre endroit que l'on celle,
Ny se frotter dessous l'aisselle
De litarge ou d'alun bruslé.
Ouy ie la veis, c'estoit elle,
Cette ieune vainqueresse belle,
Dont les yeux qui furent mes rois,
Mes destins, & ma seule enuie,
M'ostoient aussi tost la vie,
Que ceux du loup ostent la voix.
Celle qui cause mon martyre,
Ie l'ay veuë & ne l'ose dire,
Ie craint ce qu'elle ne craint point,
La perte de sa renommee,
Honteux de l'auoir tant aimee,
Et de l'auoir veuë en ce point.
Le serment de quelque dieu mesme
Osant me iurer ce blaspheme,
Sur moy n'eust point eu ce credit,
Et sur vne erreur si profonde,
I'eusse démenty tout le monde
Si le pertuis ne me l'eust dit.
Si les pensees & les gestes
Des Dames estoient manifestes,

Verroit-on tant de cavalliers
Les Dimanches en sentinelle,
Aller iouër de la prunelle
Au Temple contre les pilliers?
Quoy, Nays, estes vous si fine
De faire apres si bonne mine?
Parlez vous de me r'atraper,
Guerissant ce mal de parolle,
Ou que i'aye apris à l'escolle
Que les sens se pouvoient tromper.
Le pertuis est trop veritable,
Vostre crime trop delectable,
Et du trait qui m'avoit dompté,
Quelque blesseure que i'en aye,
Mes yeux en renfermant la playe,
Mes yeux m'en rendront la santé.

EPIGRAME.

VN franc pitaut un iour de feste
Au lutrin à fredons chantoit,
Tant qu'il pouuoit à plaine teste,
Pensant qu'Annette l'écoutoit:
Mais Annette qui estoit derriere,
Ploroit, attentiue à son chant,
De qui le pitaut s'approchant,
Luy dit, à quoy cette riuiere,
De pleurs. Ha, gros Iean, ce dit elle,
Ie plore vn asne qui m'est mort,
Qui auoit la voix toute telle
Que vous, quād vous chantez si fort.

DE MACETTE.

VOus le dites, belle farouche,
Que l'amour ne vous peut brûler,
Si vostre C. pouuoit parler,
Il démentiroit vostre bouche.

PROPHETIES EN COCQ A L'ASNE.

Peuple, malheur sur vous, quand le sanglant Gerfaut
Et le bleu limaçon mary de la linotte,
Vers le Pole Antartique s'en viendra d'un plein saut,
Luysant comme un bonnet fait à la matelotte.

Ce malheur adviendra quand l'indompté guerrier,
Vaillant & genereux ainsi qu'un pot de chambre,
Viendra sans dire mot en sursaut s'écrier,
Belle ie suis de paille, & vous estes mon ambre.

Alors le grand seigneur qui commande au Levant,

Tran-

Tranchera d'vn reuers tout le corps d'vn fromage,
Donnera d'vn eſtoc dans les cheueux du vent,
Et mettra pour trophée vne poire ſauuage,
Car le Duc caſanier de cent mille Allemans,
A tonnes a cheual effroira la campagne,
Le Roy de Calicut n'eſt pas des Muſſulmans,
Comme il fut arreſté au grand Conſeil d'Eſpagne.
Les Princes arreſtez d'vn accident ſi fort,
Firent au Prete Iean vne belle Ambaſſade,
Luy donnant pour preſent vne teſte de mort,
Vn paire de gands, auec vne ſalade,
La Royne d'Angleterre, & vn Prince Allement,

Au son du violon danseront la courante,
Puis ils iront couper aux vignes du serment,
Où ils feront chacun vn bouquet d'amarante:
L'incarnadin d'Espagne & le velours tanné,
Vne coiffe orangee, vne escharpe, vne mitre,
Alors que Salomon fut aux Iuifs destiné,
Le Roy de Portugal presidoit au chapitre,
De papier vn tapis, de resueil vn filet,
Vn Euesque, vn Gascon dont l'ame est poursuiuie,
D'vn amoureux desir d'auoir vn flageolet.
Grand Prince de Piedmont, Dieu conserue ta vie.
Vne beste à long bec dans le sommet des tours,

Et aux lieux ennemis le plus souuent se niche:
Sa femme au lieu de saints adore des amours,
Et plante à sa colonne vne belle corniche.
Voila ce que m'a dit vn grand nez tout camus,
Que vous deuez tenir pour vne prophetie
Ou de saincte Brigide, ou de Nostradamus,
Escrit en lettre d'or dessus vne vessie.

DIVERSES EPIgrammes DE IANOT.

EN fin, la honte & le dommage
Suiuent tousiours les maris,
Si lors qu'ils sont à Paris

Pourquoy faut-il que vous doutiez,
Portant bas les yeux la verge,
Sy vostre femme n'estoit vierge,
N'importe puis que vous l'estiez.

DE MELISE'E.

IE ne vis iamais basteleur,
Boheme, Aduocat, Amballeur,
Guillaume gautier ny garquille,
Causez comme fait cette fille,
C'est vn digne appeau de Cocu,
Mais si quelque amoureux la touche,
Elle repartira du mieux Cu,
Encore meilleur que la bouche.

DE IANETTE.

PLus inconstant qu'vn fuseau,
Et plus vollage qu'vn Oyseau,
Vous ne faittes la belle fille,

Que rien dancer & sauter,
Il faudroit pour vous arréter,
Vous mettre au cul vne cheuille.

DE PAQVETTE.

RIen bien vous m'auez refusé,
Paquette & i'en auois enuie,
Mais vn iour d'vn cœur embrasé,
Vous m'appellerais vostre vie,
Me iurant Deesses & Dieux.
Que vous m'aimés plus que mes yeux
Deuinez lors que ie feray,
Paquette ie vous baiseray.

DE PERINELLE.

PErinelle a le cœur haut,
Elle est de fort bonne race
Et n'a point d'autre defaut,
Que celuy de la culasse.

EPIGRAMME.

Par le sieur Motin.

SI tost que ie voy ma Maistresse,
Le Zet me bande en vn moment,
Loing d'elle iamais il ne dresse,
Et n'en ay qu'vn pied seulement.
Ie pense que ce zet se mocque,
C'est vn escargot dans sa cocque,
Qui meurt caché soubs des fagots,
Beaux yeux dont la flame est si claire,
Aux zet vous pouuez autant faire
Que le soleil aux escargots.

DE LIZE.

QVe Lize chante cõme vn Ange,
Cela est trop peu de loüange,
Dictes plustost, pour dire tout,
Lize chante comme elle bout.

A L'AMANT D'VNE d'vne Vieille.

Bien que mon chose imperieux
Comme un Espagnol glorieux,
S'alonge, se dresse & se carre,
Si n'a-t'il iamais caressé
Vne femme du temps passé,
C'est du vin qui passe la barre.

DE JANOT SOVBS le nom de Peroquet viollet.

IL a femme & furie,
Le peroquet violet,
Mais il a mauuaise mine,
Et plus mauuais flageolet.

A CRISIDOR POVR Meliante.

SI vous admirez ses deux yeux,
Ses deux geoliers delicieux,
Admirez aussi tout le reste;
Son corps est vn Ciel proprement,
Et pour monstrer qu'il est celeste,
Il est tousiours en mouuement.

D'ANTHOINETTE.

HIer la langue me fourcha
Deuisant auec Anthoinette,
Ie dits succre, & cette finette
Me fit la mine & se fascha,
Ie descheus de tout mon credit,
Et vis à sa couleur vermeille
Qu'elle aimoit ce que i'auois dit:
Mais en autre part qu'en l'oreille.

DE ELAINE.

DE celuy qui la caiolle
N'a point d'égard à la parolle,
Mais adioustez vistement
Et la main à l'instrument,
A cette atteinte lubrique
Elle est comme vn corcelet,
Qui soustient les coups de picque,
Et non pas du pistolet.

D'ALIX.

Epigramme.

ALlix, ie veux hors de seruage,
Le temps me donnant guerison,
Qu'on ne m'estime point volage,
Pour n'aller plus en ta maison,
Ie n'ay point fait d'autre Maistresse,

I'en iure Amour & son bandeau,
C'est que i'ay promis à confesse
De n'aller iamais au bordeau.

EPIGRAMME.

C'Est en vain que vos artifices
Poudrēt & frizent mes cheueux,
Ailleurs i'ay donné mes seruices,
Et ce n'est point vous que ie veux,
Le cours des ans qui tout moissonne
Vous fait si laid que personne,
Ne veut plus languir dans vos fers.
Croyez moy, vieille desseichée,
Si l'on ne cheuauche aux enfers
Vous ne serez plus cheuauchee.

SONNET DE *Malherbe, sur les beautez de Calliste:*

Et mis icy à cause de l'antithese qui suit, faite par Berthelot sur ce Sonnet.

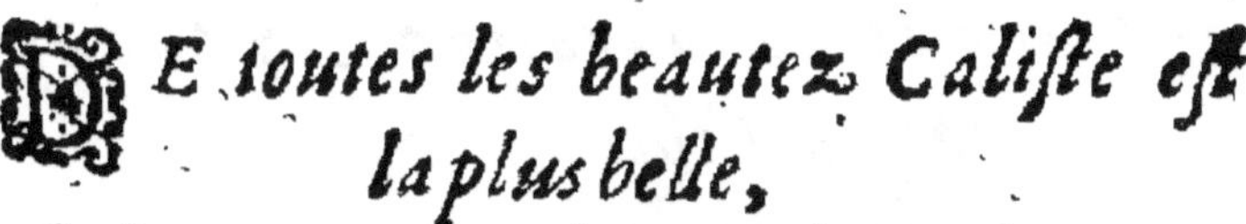

De toutes les beautez Caliste est la plus belle,
C'est vn œuure où nature a fait tous ses efforts:
Et le siecle est ingrat voyant tant de tresors,
S'il n'esleue à sa gloire vne marque eternelle.
La clarté de son teint n'est pas chose mortelle,
Le bausme est dans sa gorge, & la rose dehors,
Sa parole & sa voix ressuscitent les morts,

K vi

Et l'art n'egalle point sa douceur naturelle.
La blancheur de sa gorge ébloüit les regards,
Amour est dans ses yeux, il y trempe ses dards,
Et là fait recognoistre vn miracle visible.
Parmy tant de douceurs, de graces & d'appas,
Qu'en dits tu ma raison, voy-tu qu'il soit possible
D'auoir du iugement & ne l'adorer pas?

Responce à l'antithese par Barthelot, soubs le nom de Francine.

DE toutes les laideurs Francine est la plus laide,
C'est vn œuure où nature a fait tous (ses effors,

Et tant de salletez habitent sur son
corps,
Que d'vn retrait remply les parfums
il procede,
La clarté de son teint du sublimé
procede,
Il la garde dedans & la porte dehors,
Sa voix d'vne grenoüille imite les ac-
cords,
Et l'art n'y peut iamais donner au-
cun remede.
La cire de ses yeux ébloüit les re-
gards,
Ainsi que dans le miel Amour y tient
ses dards,
Dont il la perce à iour comme l'on fait
vn crible.
Mes yeux en la voyãt font vn mau-
uais repas,
Qu'en dits tu ma raison, croy-tu qu'il
soit poßible
D'auoir du iugement & ne l'abhorrer
pas?

ADVIS D'VN SOLLICITEVR A SA PARTIE.

Madame ne recherchez pas
Pour conduire vostre affaire,
Ces plus anciens aduocats,
Qui ne pourroient vous satisfaire,
Si vous pouuiez vous contenter
En passant la main sur la mousle,
Vous auriez raison d'accoster
Quelque aduocat porte-pantousle.
A ces vieux aduocats chenus
Vne mulle est mieux leur monture
Que pour le mestier de Venus
Quelque gentille creature,
Eux qui n'attendent que Caron
Pour passer au pays des ames,
Croyez vous que leur chapperon
Pût faire encore hõneur aux Dames?
Prenant quelque Aduocat âgé

Qui n'a qu'vne froide catette,
Vostre procez sera iugé
Tant seulement sur l'etiquette.
Choisissez plustost vn fringant,
Qui ne manque de belle pointe:
Car c'est le meilleur entregent,
Afin qu'en droit on vous appointe.
Le ieune a bonne volonté,
Et n'ayant point la bouche close,
Mais bien le droict de son costé,
Vous aurez ainsi gain de cause.

DV CHOIX DE LA vie joyeuse, au lieu de la estudieuse.

IL vaut bien mieux estre en santé
Que de sçauoir tout le Digeste
Et endurer le mal de teste,
Ou vne douleur de costé:
C'est l'acheter trop cherement,

Pour vne lecture inutille,
En perdant ſon temps & ſon huille,
Que de ſe rompre l'entendement.
  Celuy qui ne ſçait du tout rien
Ne reuocque auſſi rien en doutte,
Et où le ſçauant ne voit goutte
L'ignorant croy qu'il y voit bien.
  On feroit donc mieux de brûler
Ces vieux boucquins pleins de pouſſiere,
Ou les donner aux eſpicieres,
Pour leur marchandiſe rouler.
  Ceux-là qui ſont les plus ſçauans
Ne ſont pas pourtant les plus ſages,
Leurs eſprits ſont pleins de nuages,
Et ſeruent de ioüet au vent.
  Puis on trouue en tous ces eſprits
Touſiours quelque once de Mercure,
Et par B carre ou par Nature
Touſiours de quinte ils ſont éprits.
  De peu la ſcience nous ſert,
Lors que nous auons la colique
Et lors qu'vne toux pulmonique

Auecq elle fait son conseil.
Suy donc, amy, de mieux en mieux,
Il nous faut chopiner & boire:
Sus donc allons à l'escritoire
Boire iusqu'à pleurer des yeux.

DE PHILIDOR.

PHilidor amoureux d'vne beauté sauuage,
Prit son zet en sa main, rouge comme vn tison,
Puis il dit, ô malheur! las, ie vis en seruage,
Et ie tiens en ma main la clef de ma prison.

EPIGRAMME.

DOnnez luy de vostre pantoufle,
Sur le nez & sur le museau,
A ce miserable maroufle,

Vers satyriques.

Qui veut faire le damoiseau,
Et qui ne veut pas qu'il luy couste,
Pour faire son voisin cocu:
Ie suis d'auis qu'il la boutte,
Mais ce soit du nez dans le cul.

LE MEDECIN Aux Dames.

DAmes, l'on dit qu'au Medecin,
A l'aduocat, & à son Prestre,
On ne doit point faire le fin,
Ains libre son secret commettre.
Dites nous où le mal vous tient
Nous en trouuerons le remede,
On guerit mieux vn patient
Quand on sçait d'où le mal procede.
Ainsi nous pourrons dispenser,
Selon le mal la recepte,
Souuent il faut le cul penser,
Qui veut guerir le mal de teste.

Les Medecins rationels
Vsent de remede contraire:
Mais les nostres sont naturels,
Plus benins & plus debonnaire.
Le Grosselin seul entre tous
Fait de liqueur lent saciene
Est fort conuenable pour vous,
Frequent au pas de Siene.
Il guerit des palles couleurs,
Du mal des dents, du mal de cuisse,
Mesme de toutes les douleurs
Prouenantes de la matrice.
Il faut pour en bien vser,
Auecq la seringue ordonnee
Doucement en faire infuser
Iusques au fonds du perinee.
Nous en baillõs sans aucun poids,
Sans mesure & sans ordonnance,
On ne doit prendre à plusieurs fois,
Tant qu'on en ait à suffisance.

AVX MALADES.

La fleur de Mercure tiree,
Et d'antimoine preparee,
Sert pour enuoyer les plus sains
Au lendemain de la Toussaincts.

MESPRIS D'UNE Dame deuenuë vieille.

SATYRE.

En fin mes vœux sont exaucez,
Lize, tes beaux iours sont passez,
Tu deuiens laide & contrefaite,
Le temps ton visage a changé,
Et ce qui me rend mieux vangé,
Tu fais la ieune & la doucette.
Apres des apas dégoustans,
Et quelques vieux mots du bō temps,

Tirez d'une bouche blesmie,
Tu pense esueiller nos esprits,
Mais la dédaigneuse Cipris
Pres de toy languit endormie.

Amour du printemps compagnon
Est vn enfant, c'est vn mignon
Qui se plaist aupres des herbages,
Parmy les fleurs il tend ses rets,
Et fuyant les vieill s forests,
Fait son nid aux ieunes boccages.

Maintenant ce Dieu glorieux
Courtise Amarante aux beaux yeux,
Des graces l'aimable compagne,
Tes carcans ne l'émeuuent point,
Ny ton contrefait embon-point,
Ton rouge, ny ton blanc d'Espagne.

Lize ne pert plus desormais
Le temps & le fard que tu mets
A couurir ta face videe,
Ton poil n'en sera moins grison
Pour r'auoir ta belle saison
Il faudroit les arts de Medee.

Las, & las ! que sont deuenus

Tant d'amours & tant de cœurs
Qui tenoient mon ame charmee?
Chauds souspirs, poignantes douceurs,
Feints regards, propos enchanteurs,
Tous vos feux ne sont que fumee.

Apres de Cloris la beauté
Le nom de Lize estoit vanté:
Cloris auoit l'ame naifue,
Et n'aimoit point à deceuoir,
Cependant Lize s'est fait voir
Mauuaise, inconstante & lasciue.

C'est pourquoy les destins, amis,
Peu d'ans à Cloris ont permis,
Et l'ont d'entre nous retiree
Auant que sa ieune vigueur
De l'âge esprouuast la rigueur,
Et mille amants l'ont souspiree.

Mais les Dieux qui ne t'aiment pas,
Lize, te font viure icy bas
Autant qu'vne vieille corneille,
Afin que l'amant s'effrayant
Voye sa faute en te voyant,
Surpris de honte & de merueille.

STANCES
Contre vne vieille.

LE Ciel enclin à ma vengeance,
Est fasché de tant d'arrogance,
Luy mesme me veut consoler,
Le teint de Dame s'efface,
Et ne peut plus, quoy qu'elle face
Trouuer personne à qui parler.
Se preparant à la conqueste,
Elle a beau se faire feste,
Tousiours se fondant en raison:
Elle a perdu sa ieunesse,
Et malgré toute sa finesse
Elle est ma foy hors de saison.
Quoy que tousiours elle se pare
D'vne petite robbe de damare
Loüant la constance & la foy,
De chacun pourtant delaissee,
Madame à la fin est forcee

De loüer la Cour du feu Roy.

Ceux qui sont encore aux annees,
Au bal à l'amour destinees,
Voyant ce visage si laid,
Euitant tous cette choüette
Qui les poursuit, & qui souhaitte
Qu'on prend Ianuier pour Iuillet.

Quiconque à cette heure la touche,
Apres auoir senty sa bouche
Veut estre payé par quartier,
Fait cent nouueaux équipages,
Vestans ses lacquais & ses pages,
Du reuenu de ce mestier.

Qu'est deuenu ce premier âge?
Où sont les fleurs de ton visage,
Ces lis, ces œillets, ces apas,
Qui dessous des loix volontaires
Rendoiẽt tant d'hommes tributaires,
Qui mourans ne se plaignants pas.

Où sont ces beaux yeux redoutables,
Où sont ces roses inneuitables
Que pour moy mesme tu rendis?
Comme tout au monde se change,

Ie voy d'vne façon estrange
L'enfer où fond le paradis :
Il te demeure vn aduantage,
Ton argent & ton heritage,
Te donneront assez d'amans,
Et pouuant plus que les plus belles,
Tu pouras au plus infidelles
Donner des cœurs de diamans.
Car tu n'as garde de te rendre,
Et le Ciel ne te veut point prendre,
Te faisant icy demeurer,
Afin qu'vn chacun puisse rire
De voir ce vieux flambeau sans cire,
Qui voudroit encore éclairer.

PRESENT D'VN MIROIR à vne Dame.

SATYRE.

Belle de qui les yeux donent mille trespas, (taille,
Et de qui le regard est vn iour de ba-

Vers satyriques.

Ie vous donne vn miroir que pourtant ie n'ay pas,
Vn miroir qui n'est point fait de pierre de taille.
Il faut pour l'attacher vne chaine de puits,
Ou dessoubs en esmail on verra mon martyre :
Las ! ie veux en escrit faire voir mes ennuits,
Et que les Quinze-Vingts tous seuls les puissent lire.
Les amants qui voudront remarquer mon soucy
Plus grand que la douleur du feu Iean de Niuelle,
Auec vn flageolet dont l'on ioue à Nancy,
Diront en souspirant bon iour la Peronnelle.
Miroir, digne merueille, espoir de nos nepueux,
Ainsi qu'vn tresbuchet tu pendois sur l'espaule

D'vn sot organisé, qui faisoit les cheueux
Et la barbe d'Erasme & d'Amadis de Gaule.

Miroir tu vas trouuer l'angelique beauté,
Qui remplit les Docteurs d'amoureuse furie,
Des margots la Venus, des graces la beauté,
Et pour qui Lucifer eut la dissenterie.

L'on voit viuement peints à l'entour de tes bords
Tous les attraits de celle à qui ie te presente :
Et comme son regard fait trespasser les morts,
Et pour qui ie m'en vois danser la Sarabande.

L'on y voit entassé les yeux de l'horison,
L'Antartique, & le Pole, & l'Horoscope iaulne,

Vne mouche, vn ciron, vn falot, vn tison,
Et les cornes d'vn chat, aussi longues qu'vn aulne.
Miracle de nos iours, rare espoir d'vn cocu,
Pour qui fendent le vent les grands iuments Turquesques,
Vous n'estes pas melon pour vous sentir au cu,
Vous n'estes pas fourny pour auoir des garguesques.
Receuez toutesfois, belle grace aux yeux doux,
Comme vn petit asnon de cent graces ornee,
Ce miroir de vapeurs, pendez-le deuant vous,
Comme on pend vn iambon à quelque cheminee.

EQVIVOQVE.

Ayant une faueur violette,
Pensant iouyr d'une fillette,
Et à son amour attenter:
Mais aussi tost cette pucelle
Riant, le violet, dit-elle,
Iamais ne m'a peu contenter.

D'VNE PVCELLE.

VN blond, un noir, un oliuastre,
Vous ont pensee tour à tour,
Dites moy, petite follastre,
Qui applique mieux une amplastre
Sur la playe de vostre amour?

LE COMBAT DE REgnier & de Berthelot, Poëtes Satyriques.

SATYRE.

L'Empire, moy Muse fantasque,
D'escriant vn combat falot
Sur la peau d'vn tambour de basque,
A la gloire de Berthelot,
Et permet que d'vn pied de griue,
Auecque les orteils i'escriue.
En la saison que les cerises
Combattent la liqueur des vins,
Regnier & luy vindrent aux prises
Vers le quartier des Quinze-Vingts,
Pour vuider ceste noise antique
Vaillamment en place publique.
Regnier ayant sur ses espaules
Satin, veloux & taffetas,
Meritoit pour le bien des Gaules

D'estre enuoyé vers les Estats,
Et meriter de la Couronne
La pension qu'elle luy donne.
Il voit d'vn œil de rudesse,
Semblable à celuy d'vn ialoux,
Regardant l'amant qui caresse
La femme dont il est espoux:
Berthelot de qui l'esquipage
Est moindre que celuy d'vn page.
Sur luy de fureur il s'advance
Ainsi qu'vn pan verd, vn oison,
Ayant beaucoup plus de fiance
En sa valeur qu'en sa raison:
Et d'abord luy dit plus d'iniure
Qu'vn Greffier ne fait d'escriture.
Berthelot auec patience
Souffre ce discours effronté,
Soit qu'il le fit par conscience,
Ou de crainte d'estre frotté:
Mais à la fin Regnier se iouë
D'approcher la main sur sa iouë.
Aussi tost de cholere blesme
Berthelot le charge en ce lieu

D'aussi bon cœur comme vn Caresme.
Sortant du seruice de Dieu
Vn petit Cordelier se ruë
Sur vne piece de moruë.
De fureur son ame bouillonne,
Ses yeux sont de feu tous ardans
A chasque grommade qu'il donne:
De despit il grince les dents
Comme vn margot à qui l'on iette
Vn charbon pour vne noisette.
Berthelot de qui la carcasse,
Poize moins qu'vn pied de poullet,
Prend soudain Regnier en la face:
Et se iettant sur son colet,
Dessus ce grand corps il s'accroche
Ainsi qu'vn andouille sur roche.
Il poursuit tousiours & le presse
Luy donnant du poin sur le nez:
Et ceux qui voyent la foiblesse
De ce geant sont estonnez,
Pensant voir en ceste deffaite
Vn corbeau sur vne alouëtte.
Ce goliat remply de rage

Avec les pleurs respand son fiel,
Et son sang luy fait le visage
De la couleur de l'arc-en-ciel,
Ou bien de ceste estoffe fine
Que l'on apporte de la Chine.

Phœbus dont les graces infuses
Honnorent les diuins cerneaux,
Comment permets-tu que les Muses,
Grommandans ainsi leurs museaux,
Et qu'vn peuple ignorant se raille
De voir les enfans en bataille.

Regnier pour toute sa deffence
Mordit Berthelot en la main,
Et l'eust mangé comme l'on pense,
Si le bedeau de S Germain,
Qui reuenoit des Tuilleries
N'eust mis fin à leurs batteries.

Mais ce venerable beau-pere,
Preud'homme comme vn Pelerin,
Dit à l'vn d'eux bonne Gallere,
A l'autre bon S. Mathurin:
Ie vous ordonne ces voyages
Mes amis pour deuenir sages.

L v

Au bruit de ces grandes querelles
Où Regnier eust les yeux pochez,
Vne trouppe de maquerelle
Conduitte par les sept pechez,
Prest de faire vn bon office
Luy vindrent offrir leur seruice.

Si tost qu'elles virent sa face
Pleine de sang & de crachat,
Elles font plus laide grimace
Que la soury prise du chat,
Et leurs plaintes semblent aux oreilles
Vne Musique de corneilles.

Mais Regnier en mordant sa lévre
Luy promit qu'il n'en mourroit pas:
Berthelot s'enfuit comme vn liévre,
Et le Bedeau haste ses pas,
Ayant appaisé ceste escrime
Pour aller faire sonner Prime.

D'VNE DAME.

IOur & nuict fuir ses verroux,
Et laisser sa maison seulette:

Iour & nuict fuir son espoux
Ce n'est pas fuir, ce dites-vous,
C'est plustost courir l'esguillette.

LETTRE DV SIEVR DE *Sigognes, enuoyée à vn Marquis.*

SATYRE.

PArmy les assaux qu'on me donne
Et des supplices qu'on m'ordonne
Pire mille fois que la toux,
Encore me souuient-il de vous
Braue Marquis que tant i'estime,
A qui mon cœur comme victime
Est offerte en affection
Par moy sans nulle fiction,
Point ne vous est escrit nouuelle:
Car ie sens troubler ma ceruelle
Par des maraux, par des cornards
Qui portoient bastons & poignards,
Et autres ne sçay quelles gens

Qui iurent comme des Sergens:
Qui me feront deuenir sage:
Mais sans attendre leur message
Ie suis desia tout resolu:
Adieu ce plaisir absolu
Quantesfois i'appris à mesdire:
Ie ne veux desormais escrire
Aucune petite chanson
Digne d'vn simple maudisson,
Ny qu'vne Saincte ne la lise
Dans le cœur mesme d'vne Eglise.
Or ie veux gaigner Paradis
Par mes bien-faits, adieu vous dis,
Escrit ayant l'ame souffrance
A Paris dans l'Isle de France,
Chez vn seigneur qui par ma foy
Ne vous ayme pas moins que moy.

GAUCERIE DU SIEUR de Sigogne estant à un cabaret.

Entre la pulce & la punaise,
Sans chaize ny sans tabouret,
Je suis icy mal à mon ayse
Dessus un lict de cabaret,
Reduit sans besoing de diette
A faire un malheureux repas
De deux œufs en une omelette,
Et neantmoins il est tout gras.
Mon hostesse femme sauvage,
Et qui se cognoist mal en gens,
Me prend pour homme de bagage,
Ou qui se sauve des Sergens:
Et sans le velours que je porte
Je vous diray bien en un mot
Qu'elle me mettroit hors de la porte
De peur de perdre son escot:
Trois postillons & un Notaire
Sont logez icy comme moy.

Vers ſatyriques.

Le page d'vn Apotiquaire,
Et le porte-malle du Roy:
Parmy toute ceſte canaille
Ie reluis comme le Soleil,
Compagnons comme rats en paille,
Apres cela vne Monſtreuil
Qui paſſeroit entre deux maſles,
Remuant comme vn tresbuchet,
Ou bien entre deux nappes ſalles,
La teſte d'vn ieune brochet,
En faueur de la mulle griſe
De l'vn des principaux des ſens,
Dicte à la belle Marquiſe
Quelle pardonne aux innocens.

STANCES, Contre Dragot.

Par le ſieur De Mongaillard.

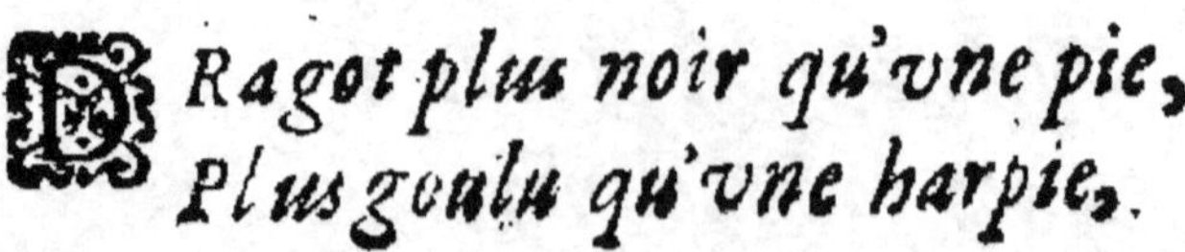

Ragot plus noir qu'vne pie,
Plus goulu qu'vne harpie,

Plus larron qu'vn vieux magot,
Plus hardy qu'vne escritoire,
Plus pointu qu'vne lardoire,
Et plus hargneux qu'vn fagot.
Dragot dont la face maigre
Semble vn œuf cuit au vinaigre,
Ceste teste de Luctin,
Ce visage en accrostiche,
Ceste ame du mauuais riche
Vint chez moy l'autre matin.
I'appellay soudain mon hoste,
Ie luy dis portez la hotte,
Courez bon-homme & venez
Voir l'argent de mes despences:
Car Dragot a des finances
Autant comme il a de nez.
Mais cest esprit diabolique,
Dragot luy faisant la nicque,
Luy refroigna le soucy:
Mon hoste branlant la teste
Me dit il a l'ame faicte
Comme du noir à noircy.

SATYRE.

Par le sieur de Montgaillard.

CEs lasches poltrons & mesquins,
Ces sots, ces faiseurs de pasquins
Qui ne sont propres qu'à l'outrage,
Il leur faut parler à tastons
Auecque des coups de bastons,
Car ils n'ont esprit ny courage.
Pour dire qu'ils ont de l'esprit,
Il se peut voir par escrit
Qui tesmoigne leur ignorance,
Et puis leur retraicte & la peur
Qu'ils ont euë à faute de cœur
Nous asseure de leur vaillance.
L'vn est vn grand fol amoureux
Qui a la mine d'vn foireux,
Autant maigre & sec qu'vn enclume,
De qui le discours seroit beau
S'il n'auoit la voix d'vn corbeau,

Aussi bien qu'il en a la plume.
L'autre est un esuanté friand,
De qui le visage riant
Est tourné vers la tramontane,
Qui en vandroit un million,
S'il n'auoit le cœur d'un lion,
Comme il a la teste d'un asne.
Et l'autre est un pauure pedant
Qui tranche partout du fendant,
Et n'a la mine guere bonne:
Barthole me fera mentir
Si la foy le peut garantir,
Qu'en fin quelqu'un ne le testonne.
Ma foy ce sont des lasches traits,
Et des coups par trop indiscrets
Que de mesdire ainsi des dames,
Il n'appartient qu'à des vilains,
Ou bien à des fils de putains,
Ou a des courages infames.
Ce sont des actes deffendus,
Il faudroit qu'ils fussent pendus,
Et bannis de toute la terre:
Car ils ne sont bons, comme on dit,

Vers ſatyriques.

Argent comptant n'y à credit,
Ny pour la paix, ny pour la guerre.
Pour la paix ce ſont des frippons,
Et pour la guerre des poltrons,
Qui ont le cœur trop mecanique,
Ils n'engendrent que malheur:
Ils ſeruent de peſte à l'honneur,
Et de honte à la republique.
Si ie diſcourois guere d'eux,
Mes vers en deuiendroient honteux,
Et ſentiroient la gueuſerie,
Faiſons l'vn ſoldat du bordeau,
L'autre diſciple du bourreau,
L'autre Aduocat à la voirie.

CONTRE VN AMOVreux tranſy.

Par le ſieur Regnier.

POurquoy perdez-vous la parolle
Auſſi toſt que vous rencontrez
Celle que vous idolatrez,
Deuenant vous-meſme vne idolle,

Vous estes là sans dire mot,
Et ne faites rien que le sot.
Par la voix amour vous suffoque
Si vos souspirs vont au-deuant
Autant en emporte le vent:
Et vostre Deesse sans mocque,
Vous iugeant de mesme imparfaict
De la parolle & de l'effaict.
Pensez-vous la rendre abatuë,
Sans vostre faict luy deceder,
Faire les doux yeux sans parler:
C'est faire l'amour sans tortuë,
La belle fait bien de garder
Ce qui vaut bien le demander.
Voulez-vous en la violence
De vostre longue affection
Monstrer vne discretion:
Si on la voit par le silence
Vn tableau d'amoureux transi,
Le peut bien faire tout ainsi.
Souffrir mille & mille trauerses,
N'en dire mot, pretendre moins,
Donner ses tourmens pour tesmoins,

De toutes ses peines diuerses,
Des coups n'estre point abbatu,
C'est d'vn asne auoir la vertu.

SATYRES,

Sur le trespas d'vne des plus fameuse maquerelle de la Cour.

Par le sieur Motin.

IL est donc vray qu'elle soit morte
Ceste ame aussi fine que forte,
Qui dans les amoureux combats
Fait choir des femmes & des filles
Plus qu'en Esté mille faucilles
N'ont fait tomber d'espics en bas.
Plus de cornes elle font naistre
Qu'on ne voit de branches paroistre
Dans toutes les foires de Rests,
Et plus tirer de membres d'hommes

Que tous les escrimeurs de Romes
N'ont tiré de coups de fleurests.
Elle fait auec son langage
En vn iour cent herbe ou breuuage,
Ne secours, ne pistache, ou d'œuf,
Plus naistre de semence humaine
Qu'en vn mois la Samaritaine
Ne verse d'eau sur le pont neuf.
A la voir dans toute la Beauce
Les Allemands sans pourpoint, ne chausse,
D'vn dru mouuement redoublé
Clouplez auec leurs maistresses,
Sans autres fleaux que de leurs fesses,
Ont battu la paille & le blé.
Cent fois plus sage que Medée,
Et d'vn meilleur vouloir guidée
Elle a peu forcer le destin,
Rendurcir le sein flac qui tremble,
Et le ventre ridé qui semble
La botte d'vn vieil Medecin.
Combien de fois d'vne parolle
A-elle guary la verolle?

Et combien a-elle ſouuent
D'vn regard ſeiché les vlceres,
Et fait courir les Commiſſaires
Comme la tempeſte & le vent.
Comme vn poltron dans ſon nauire
Elle auoit vn parfaict empire
Aux bordels qui la connoiſſoient,
Que ſes yeux guidoient comme e-ſtoilles
Ses chemiſes ſeruans de voilles
Aux montoirs ſoudain s'abaiſſant.
Elle fuſt d'attraits ſi pourueuë
Qu'vn Printemps ſortoit de ſa veuë,
Dont les traicts d'amour s'augmentoient:
Et comme en la ſaiſon nouuelle
Les animaux à l'entour d'elle
Les vns ſur les autres montoient.
Son regard penetrant les marbres
Faiſoit venir la ſuë aux marbres,
Sur l'ormeau la vigne ramper,
Ioindre les Palmes d'Iſdumée,
Et deſſus la muraille aymée

Le follastre amoureux grimper.
Telles ames si rare & diuine,
Bien sçauente en la medecine,
Durant la fieure m'a traité,
Et passant ma main sur sa hanche:
Et me tastant le poux au manche
Elle predisoit ma santé.
Or la pauure femme est en terre,
Et le froid tombeau qui l'enserre,
Garde en repos ses ossemens:
Il est vray que son corps repose
Qui viuant ne feit autre chose
Que d'exciter les mouuemens.
Ses heritiers pour l'amour d'elles
Ny de procez ny de querelles,
N'eurent point les cerueaux troublez
N'ayant laissé autre heritage
Que le bruit d'auoir d'auantage
De culs, que d'escus d'amassez.

STANCES

Sur le Mariage.

Par le Sieur Motin.

Soudain que i'eus l'honneur
   vostre cognoissance,
Si lors i'eusse de vous ma deman
   obtenu,
C'eust esté recognoistre vn amant
   cognu,
Et sans auoir seruy me donner
   compense.
   Mais depuis vous ayant m
      gue seruitude
Fait iuger mon amour & ma fi
Me refuser cela c'est trop de ri
Et ne me l'accorder c'est trop
   gratitude.
      Vous m'aduouez souuent
      vostre humeur vous port

A me vouloir du bien si vous estiez à vous:
Mais par la foy promise à vostre cher espoux,
Du paradis d'amour me fait fermer la porte.

Quoy doutez-vous qu'il soit au sacré mariage
Tacitement permis de se faire un amy,
Vn espoux croyez-moy n'est cocu qu'à demy,
Quand un amy discret cause son cocuage.

Aymez gens incogneuz, c'est par trop d'impudence,
Et en aymer plusieurs trop de lubricité
N'en aymer point du tout trop de simplicité,
Et n'en aymer qu'vn seul beaucoup de continence.

L'on ne peut s'exempter de l'amoureuse flame,

Le cœur cherche l'amour, comme l'œil fait le iour,
Celle qu'on n'aime point, ou qui n'ont point d'amour,
Sont des corps sans beauté, ou des beautez sans ame.
Mais il faut en amour faire choix d'vn bon maistre,
Et qu'elle sçache planter des cornes si apoint,
Qu'vn fin mary les porte, & ne les sente point,
Et que les yeux d'autruy ne le puissent cognoistre.
De la discretion qui ne passe les bornes,
Qui en faisoient beaucoup ne parle que bien peu:
Car souuent la fumee enseigne où est le feu
Le coup fait le cocu, & le bruit fait les cornes.
Arriere les humeurs arrogantes

& vaines,
Qui font peu de cocus, & beaucoup de ialoux:
Il faut qu'vn Amant soit, fin, patient & doux,
Modeste en ses faueurs & muet de ses peines.
Qu'il sçache tellement former sa contenance,
Composer ses regards, & regler ses discours,
Qu'on ne puisse iuger l'obiect de ses Amours,
Nul n'est digne d'aimer qui n'a ceste prudence.
Souuent à n'aimer pas vne Dame est contrainte,
Sur tout quand les Amans sont vollages & fous:
Car la femme a vn cœur, & des yeux comme nous,
Et n'a pas moins d'amour: mais elle a plus de crainte.

*La crainte de la honte, & non pas
de la faute
Qui fait estimer l'homme & la femme
blasmer,
Est le poinct principal qui l'empesche
d'aymer:
Mais vn amy prudent ceste crainte
luy oste.*

*Non il n'est point de femme à l'amour
si contraire,
Qui n'en ait quelquefois l'effet ou le
desir:
Mais puis qu'en desirant l'on peche
sans plaisir
Que sert de desirer, & que nuict de le
faire.*

*Puis que le seul desir vers le Ciel
fait l'offence
Et que le seul effet cause la volupté
De punir les desirs c'est au Ciel cruauté,
Ou folie aux humains d'aymer sans
iouyssance.*

Ce qui fait que la femme en desirs est seconde,
Et qu'à peine souuent aux effets elle vient,
C'est que pour desirer elle seule interuient,
Et pour l'effectuer il faut qu'on la seconde.

Mais souuent le vain-cœur publie la victoire,
On va de prise en prise ainsi que le veneur
Puis la femme à aymer n'en a que deshonneur,
Et l'homme d'estre aymé n'en a que de la gloire.

La plusspart des Amans en faillant leur poursuitte,
Ont ou trop peu d'amour, ou trop de vanité
Ou bien en possedant quelque ieune beauté,
Engagent leur honneur par faute de conduitte.

Les vns sans iugement d'vne foiblesse estrange,
Delaissant leur poursuitte, ou si tout consommer,
Et les autres sans foy, cessant de plus aimer:
Apres auoir iouy soudain tournent au change.

C'est pourquoy les beautez discrettes & prudentes,
Considerent long temps toutes nos actions,
Auant que faire part de leurs affections,
Leurs desirs sont soudains: mais leurs amours sont lentes.

Si faut-il tost ou tard que les plus sages Dames,
A quelque Amant en fin consacrent leurs amours:
La femme en son desir ne peut languir tousiours,
L'irresolution sied mal aux belles Dames.

It faut qu'vne beauté de long-
temps assaillie,
Ayme celuy qu'elle a, recogneu de tout
poinct:
Car si l'on faut d'aimer & ne cognoi-
stre poinct,
Cognoistre & n'aimer point seroit ce
pas folie,
Le mariage n'est qu'vn pretexte
aux plus fines,
Pour esconduire ceux qui leurs sont
odieux:
Car puis qu'Amour est Dieu, & le
Maistre des Dieux:
Il n'est suiet aux Loix humaines ny
diuines.
Vous bel obiet diuin, de mes amours
fidelles,
La vie de ma vie, & le cœur de mon
cœur,
Qui ostez à l'Amour le tiltre de vain-
cœur, (belles.
Et à toutes beautez la gloire d'estre

En qui tout est parfait, & rien n'est
qu'à redire
Dont l'on ne peut assez le merite ad-
mirer,
Dont la rare beauté ne se peut com-
parer,
Qui donnez au humains plus à pen-
ser qu'à dire.
Vous à qui nuict & iour ma pensee
s'esleue,
A qui seul se rends depuis vous auoir
veu
Et mes vœux pour hommage, & mon
cœur pour adueu,
Qui comme vn fief d'amour de vos
beautez releue.
Moy qu'on ne plaint iamais que
par trop de silence,
Qui ne suis malheureux que par trop
de respect,
Qui ne deualent mes yeux que vostre
seul aspect,
Et n'entretiens mon mal que par trop

de constance.

Quand verray-ie finir mes amours ou vos charmes,
Et quand viendra le iour de ma ferme amitié,
A vos autres vertus marier la pitié,
Vos desirs à mes feux, mes amours à mes larmes.

Quand le poinct de tomber entre mes bras ie voye
Vostre corps affoibly du feu de vos desirs
Et vos beaux yeux se fondre entre mille plaisirs,
Tout en regards de flame, & en larme de ioye.

Verray-ie point le temps parauant que ie meure,
Qu'en ayant tous ennuis loing de vous soient chassez,
Fors vn chaste regret de mes tourmens passez,
Et de n'auoir pas aymé de trop bonne heure.

En sorte que durant le cours de nostre vie,
Nous puißions vous & moy égaux d'affection
Guider sous le silence, & la discretion,
Nos amours sans soupçon, & nostre heur sans enuie.

SATYRE. SVR L'INVENTAIRE D'VN COVRTISAN.

Par le Sieur Bouteroüe.

APres auoir chez vous disné,
Iusqu'à ventre deboutonné,
Prié Dieu, curé la machoire,
Auec vn cure-dent d'iuoire,
Damasquiné, fait à Milan,
Que me donna le iour de l'an,

Dans l'anti-chambre d'un Monarque
Vn Gentil homme de remarque,
Pour auoir fait vn beau discours,
Sur le suiet de ses amours:
Apres vous auoir dit prouface
Vn leuant son cul de la place,
Venerable, & matin, & soir,
Faisoit tous les Poëtes asseoir,
Pour boire à vous, en vostre couppe,
Et pour manger de vostre souppe,
Et sçachant bien que ses rimeurs,
Sont excellens escornifleurs,
Que souuent leurs verue diuine
Se pert à faute de cuisine,
Et mesme en c'est âge peruers,
Où ses pauures gens font des vers
Pour quatre deniers la douzaine:
Car on les fait sans nul peine:
Apres (di-ie) d'vn Air noueau,
Vous auoir fait le pied de veau,
Comme l'on fait à la Cour du Louure,
Où le poinct d'honneur se descouure.
Ie m'en suis allé coleré,

Au quartier de sainct Honoré,
Et là i'ay veu parmy les ruës
Vne grande trouppe de gruës,
Que tout ainsi que les humains
Auoient nez, oreilles, & mains,
Et portoient de façon nouuelle
Des plumes au lieu de ceruelle:
Car le monde en est despourueu.
D'ailleurs i'ay veu ce que i'ay veu,
I'ay veu la mine furieuse
Et la démarche glorieuse,
D'vn sergent qui prenoit au corps,
Auec trois vilains recors,
Vn Courtisan de belle taille,
Qui n'auoit ny denier ny maille,
Pour appaiser ses crediteurs
Plus importuns que des flateurs,
Les Laquais tous couuerts de soye
Voyant ainsi leur maistre en proye,
Auec sa housse & son cheual
S'en sont allez soudain aual,
Et faisant de la chatemitte,
Ont souspiré pour la marmitte.

Lors qu'auec vn petit roollet,
Decreté dans le Chastelet,
Ces gens à ce foudre de guerre
Preparoient vn pourpoint de pierre,
Il s'escria tout plain d'ennuy,
Que le sergent allast chez luy
Sans luy faire plus de scandale,
Et là qu'il trouueroit sa male,
Où des meubles il y auoit,
Pour plus d'argent qu'il ne deuoit,
Dont il pourroit faire saisie
Encore que la courtoisie
N'abite point chez ces gens-là
Le Sergent illec s'en alla,
Et fit faire vn bel Inuentaire,
Duquel estoit le secretaire,
Vn garçon de sainct Innocent,
Et ne sera point indecent
De vous en dire les articles,
Primò, *deux paires de bezicles:*
Pour vn Procureur d'Alençon,
La coquille d'vn Limaçon,
Pour bien lisser vne rotonde

Vne carte entiere du monde,
Des grands neufs de peau de souris,
Vne once de poudre d'Iris,
D'vne Dame la pourtraiture
Dont l'art passeroit la Nature,
S'elle auoit le don de la voix,
La boëtte estoit faite de bois:
Auecque beaucoup d'artifice,
Comme vne Chasse de Galice,
Qu'vn Pelerin porte à son col,
Le petit colletin d'vn fol,
Vn gobelet à fons de cuue,
Vn frotoir qu'on porte à l'estuue,
Vne paire de vieux chaussons,
Vn repertoire de Chansons,
Des preceptes pour la grimasse,
Vne grosse trompe de Chasse,
Vn papier tout plain de ruban,
Et les deux manches d'vn Caban,
Vn compas pour l'Astrologie:
Plusieurs figures de Magie,
Vn chapeau gris, quatre boutons,
La rogneure de deux testons,

Vn poignart, le fer d'vne pique:
Auec vn discours autentique,
De la grandeur de ses ayeux,
Descendus des Rois de Bayeux,
Vn fert pour friser la moustache,
Des gaufres, vn peigne, vn panache,
Dont il se pare quelquefois,
Allant à la maison des Rois,
Vn petit allanbic de cuiure,
Deux cheuilles de luth, vn liure,
Où tous les iours à son leuer
Il veut sa fortune trouuer,
En la pierre Philosophale,
Vne raquette auec la bale,
Vn Almanach, vn Chapelet:
Finalement vn bracelet,
Où iadis furent quatre perles,
Grosses comme des yeux de merles:
Qu'vne amante auecque ferueur
L'honora de ceste faueur:
Mais il predit ceste vendange
De perles sur le Pont au Change,
Et pour memoire de ses veux,

N'est demeuré que les cheueux?
Quand on eust fait ceste besogne,
Comme il se tenoit sur sa trogne,
Tout cela, luy dit le Sergent,
Monsieur ne vaut pas mon argent?
C'est pourquoy quittez ceste espee,
Lors de pleurs la face trempee,
Il dit ces mots en desarroy
Dequoy seruiray-ie le Roy?
Mais tenez faites vostre office,
Il faut obeir à Iustice
Les hommes sont bien impudents,
Qui se font arracher les dents:
Le Sergent oyant sa harangue
Frota sa barbe auec sa langue,
A fin d'animer son propos,
Et respond soyez en repos,
Ie ne sçauroy pardieu mieux faire,
Vous sçauez que le Roy prefere
La Iustice à vos passions,
Nous sçauons ses intentions:
Cependant ie vais faire estendre
Vos meubles en Greue pour les vẽdre,

Adieu cessez d'estre affligé,
Vous m'estes bien fort obligé,
Au lieu de faire ceste plainte,
Encor deuriez-vous payer painte:
Car vous pouuant mettre en prison
Ie vous laisse en vostre maison:
Les Cheualiers gagnent la porte
Le Courtisan se desconforte,
Et dit que n'ay-ie tous tuė
Que ne me suis esuertué,
D'empescher leur effronterie
Quelle diable de batterie,
I'eusse fait, n'eust esté qu'on dit,
Que pour conseruer son credit
Au Diocæse de Ponthoise:
Il ne faut point auoir de noise,
Combien de meurtre i'eusse faicts:
Mais nostre Prince ayme la paix:
Puis apres l'Eglise Romaine
Enioint à la prudence humaine,
De s'en taire pour l'amour de Dieu,
Et de l'honorer en tout lieu,
Lors qu'on reçoit quelques escornes.

Fusses mesmes celles des cornes.
Ie suis Gentil-homme en effait:
Sans cela que n'eusse-ie fait,
Pour extirper ceste canaille,
Ces regrateurs de quinquenailles,
Morbleu, tout-beau! ie n'ay rien dict
Il est deffendu par l'Edict:
De iurer, il faut estre sage,
Ie m'en veux aller au village,
Et là faire le raba-iois
Entre mes pauures villagois,
Qui m'estiment autant qu'vn Prince,
Où qu'vn Gouuerneur de Prouince:
Ie n'y couray point de hazar,
Ie suis de l'humeur de Cesar,
Pour le moins cóme on trouue au liure
I'aymerois mille fois mieux viure
Parmy les vendeurs de harans,
Et y tenir les premiers rans;
Que d'abaisser mon arrogance
Parmy les plus grands de la France:
Voicy la fin de l'argument,
Que ie sçay bien asseurément:

Pource que le Sergent habille,
Me voyant au monde inutille,
Comme sont beaucoup d'Aduocats:
M'a pris pour tesmoin en ce cas.

EPIGRAMME.

Par le Sieur Des Portes

IL y peut auoir quatre annees
Qu'à Phillis i'ay voulu conter,
Deux milles pieces couronnees,
Et plus haut i'eusse peu monter.
Deux ans apres elle me mande,
Que pour mille elle condescent,
Ie trouuay la somme si grande,
Ie n'en voulu donner que cent.
Au bout de six ou sept semaines,
A cent escus elle reuint.
Ie dis qu'elle perdoit ses peines,
S'elle en pretendoit plus de vingt.

L'autrefois elle fut contrainte
De venir pour ſix ducatons,
Ie treuuay trop haute la vente
Si elle paſſoit quatre teſtons,
Ce matin elle eſt arriuee,
Gratis voulant s'abandonner,
Où ie l'ay plus chere trouuee
Que quand i'en voulut tant donner,

DESDAIN:

Par le Sieur Motin.

A Quoy ſeruent tant d'artifices,
Et des ſerment que vous iettez:
Si vos amours & vos ſeruices
Me ſont des importunitez.
L'amour à d'autres vœux m'apelle
N'attendez iamais rien de moy,
Me penſez-vous rendre infidelle,
Et me teſmoigner voſtre foy.

L'Amant qui mon amour procede,
Est trop plain de perfection:
Car doublement il vous succede
De merite & d'affection.

Ie n'en puis estre refroidie,
Ny rompre vn cordage si doux
Ny le rompre sans perfidie,
Ny d'estre perfide pour vous.

Vos attentes sont toutes vaines,
Le vous dire est vous obliger,
Pour vous faire estre de vos peines
De vous & du temps mesnager.

ADIEV A VNE MARQVISE.

SATYRE.

Par le Sieur de Sigogne.

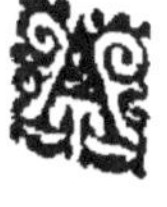

Dieu vous dis belle Marquise,
Mon ame vous est tant acquise

Que ie croy sans vous que Paris,
Ne seroit qu'vn nid de souris:
Ie vous le dis, ie vous le iure,
Et ne pense point faire iniure,
Aux coquettes & aux cagots
Qui demeurent dans son enclos:
Ie suis tourmenté dans mes veines,
Ie les sens de feu toutes pleines,
Mon esprit n'est point à requoy:
Ie ne sçay comment, ny pourquoy,
Vous vous parez pour estre belle,
I'ay faict de vous prison nouuelle,
En la grace de vos apas,
Que vous mesme n'ignorez pas:
Apas pour qui loin de son throsne
Iupiter demande l'aumosne:
Helas encor vn coup adieu:
Puis que vous partez de lieu
Ie vis à soir par infortune,
La ressemblance de la Lune,
Qui de gros mots me picotta:
Depuis que vostre œil me quitta,
I'admire fort sa face entierre:

Mais qui pourroit voir son derriere,
Et dans une chasse de fer,
L'on oyroit aux poisles d'Enfer,
Gronder les fureurs & les rages,
Et d'Acheron les marescages:
Si son nom ie ne vous escrits
Sçachez-le de Monsieur Descrits:
Mais cependant que ie m'amuse,
A ceste idole de Seruse,
Mon cœur persé de part en part,
Me fait plaindre vostre depart,
Et maudire ma destinee,
A ceste maudite iournee,
Que ie perds l'aspect de vos yeux,
Flambeaux de la terre, & des Cieux.

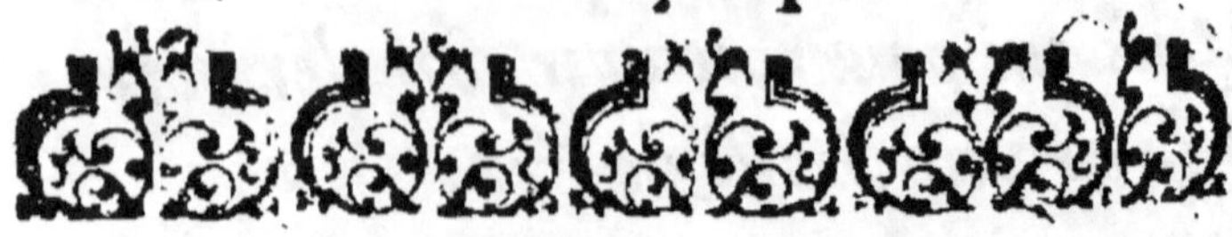

SATYRE.

CONTRE VNE VIEILLE SORCIERE.

Par le Sieur de Sigogne.

Sortez du creux d'Enfer Megere,
Que vostre bouche mensongere
M'inspire les vers que i'escris,
Et si ie blesse de ma plume,
Vn sexe contre ma coustume,
Ie n'en veux pas estre repris.
Ie ne suis que le secretaire
Des vers que ie ne puis plus taire,
Belles ne vous en picquez pas:
Maintenant il faut que i'escriue,
Encore vne femme chetiue,
Que ie haïs plus que le trespas.
Sus escoutez que ie la paigne
Ceste grande Mulle Brehaigne,

Ie vais

Ie vais apreter mes pinceaux,
Ce Démon, ceste femme antique,
Ceste Chymere fantastique,
Ceste gaine à mille cousteaux.
Mais quelles couleurs infernales,
Et quelles douleurs sepulchrables,
Seruiront pour vn tel suiet:
Ie crains de rompre le silence,
Viens donc infecte medisance,
Pour en commencer le pourtrait.
Tout ce que l'Espagnol auare
Tire de plus cher & plus rare,
De l'Inde, & de ses riches bords,
Le Bresil, l'Iuoire, & l'Esbeine,
Corail, & Coste de Baleeine:
Tout cela vient de vostre corps.
Et vostre peau faite en escorce
Seruiroit d'vne seiche amorce,
Les genoüils d'vn fuzil bien fait,
Les iambes & doigts d'alumettes
Les cuisses pour des espoucettes,
Et de cul s'en fait le soufflet.
Tout ainsi que la pierre-ponce:

Iamais vostre corps ne s'enfonse,
Vous pouriez seruir de batteau,
De perche a guider la nacelle,
Et qui vous auroit sous lessel le,
Ne doit craindre a'aller sous leau.

Vostre panse tousiours farsie,
De vent ainsi qu'vne vessie,
Pourroit bien seruir au besoing:
Où de ballon où de nageoire,
Pour passer la Seine & la Loyre.
Ou pour conseruer de vieux-oing.

Vostre-en-bon-poinct est descabelle
Vos bras de casse & de canelle,
Vos dents de crotte de lappin,
Et vos cheueux de regalisse,
Vostre nez fait en escreuisse:
Et vostre oreille en escarpin.

Vous este plus seiche que paille,
Douce comme vne huistre à l'escaille,
Vous parlez comme vn Samsonnet,
Mais au lieu de ciuette & d'ambre:
Vous sentez cōme vn pot de chambre:
Et riez comme vn simonnet.

Vous estes propres à tous usages,
Vostre corps a diuers visages,
Pourroit seruir à tous mestiers
Aprendre les renards au piege,
Mais non, si vous estes de Liege,
Il vous faut vendre aux sauetiers.

Vostre peau qui sent la moruë,
Ne laisse pas destre veluë,
L'on vous filleroit comme lain,
L'on vous carderoit comme laine:
Mais vostre peau laide & vilaine,
Est comme au cuir de chagrin.

Tousiours d'vne façon brillante,
Et d'vne œillade estincellante,
Vne bouche qui sent le bran,
Vous dites quelque grande sottise,
Et branlez sur pied où assize,
Comme lesguille d'vn cadran.

Vos mains & vostre teste folle
Branlent comme vne banderolle,
Et tourneut comme vn moulinet,
Vous mouchez vert comme émeraude,
Et quoy que tousiours seiche ou chaude.

Vous pissez comme vn robinet.

Encore auez-vous esperance
D'auoir quelque galand enfance:
Auec vos discours gracieux:
Mais si de prez l'on vous regarde,
Vous prenez comme la moustarde
Par le nez, & non par les yeux.

Vos os sans entrer en dispute,
Sont creux tout ainsi qu'vne flutte:
Qui vous soufleroit dans le cul,
Vous feroit sonner comme vne orgue:
Ie voudrois bien voir vostre morgue,
M'en d'eust-il couster vn escu.

Vieux clauessin de la chappelle
Vieille harpe sans chanterelle,
Luth duquel l'on a creu le trou,
Et dont la table desbaree:
Auec la rozette enfondree,
Ne vaut plus qu'à pendre à vn clou.

A cause de vostre vieillesse,
Vous estes propre à mettre en piece,
On ne vous doit plus demander,
Allez desormais ie despitte,

Feuille qui me soit petite,
Et nerf qui se puisse bander.
Mais n'est-ce pas chose admirable,
A vous voir marcher sur le sable:
Sans laisser marque de vos pas,
Vostre corps sans poids & sans nobre
Est beaucoup plus leger que l'ombre,
Qu'on void & qu'on ne touche pas.
Ie crains qu'au sortir la porte,
Le vent un iour ne vous emporte,
Ou que du Soleil les regards
Vous esleuent comme rozee,
Et apres du chaud embrazee,
Vous tombiez en foudres espars.
Quand ie la vois piquee & droite,
Le nez rouge & la taille estroite,
Ne s'asseoir ny plier iamais,
Ie iure qu'elle est de mouelle,
Qu'elle a du plomb sous la semelle:
Bref que c'est un cul du Palais.
Vous allez courant par la ville,
Et comme l'argent vif mobille:
Tousiours sur pied, tousiours debout,

On ne vous vit oncques panchee:
Iamais ne fustes couchee,
Si ce n'est lors que l'on vous sout.
Si vn malheureux vous terrasse,
Et de prez il vous embrasse,
Vous l'allez soudain deceuant,
Vous glissez ainsi qu'vne nuë,
Et au lieu d'vne femme nuë:
Il n'estraint que l'air & le vent.
Encor pourriez vous aux entrees,
Pour entortiller les fueillees,
Seruir de mousse ou Dore-peau,
Et dessus le portail assize,
Montrer quelque belle deuize,
Tenant en la main vn roulleau.
Vous estes d'vn mullet la houppe,
Et croy que ce n'est rien qu'estouppe:
Qui vous bat le ventre & le sein,
Et si vous entrez dans la grange:
Ie crains qu'vn asne ne vous mange,
Vn iour comme vn botteau de foin.
Souuent vous faite la farouche,
Et fuyez tournant vostre bouche:

Mais par vne estrange vertu,
Ie vous attire auec de l'ambre,
Quand vous estes au bout de la chãbre
Comme si c'estoit vn festu.

Bastons à faire la chandelle,
Celuy-là qui tousiours sautelle,
Vous auoit trouuee finement,
Non pas par art ny par lecture:
Mais par vostre nature,
Le perpetuel mouuement.

Vous sonnez ainsi que cliquettes,
Vous tintez comme des sonnettes:
Si quelqu'vn vous vient secoüer,
Vous bruyez ainsi que cimbales,
Vous auez au menton des bales:
Mais personne n'en veut ioüer.

Vostre estomac fait en estrille:
Pourroit encor seruir de grille,
Vos flancs de herse ou de rateau,
Et de vos pendentes mammelles,
Vn bissac, ou des escarcelles,
Pour mettre l'argent du bordeau.

Au lieu de sang dedans vos veines

Vers satyriques.

De souffre on les voit toutes plaines,
Vn trou bruler comme vn tizon,
Cachant du feu dessous la cendre,
Mais si le vent la vient espendre,
On ne verra que le charbon.

Quand on foüille à vostre serrure,
Auec la clef de la nature,
Vous sonnez par tout vostre corps,
Qu'on vous entend en la campagne,
Comme ses coffres d'Allemagne,
Qui débandent milles ressorts.

On dit de peur que ie ne mente
Qu'en la bataille de le Lepante,
Sur la Gallere de Chally,
Vous estiez fanal d'importance,
Et depuis encore en France,
Vous fustes l'on temps chez Goudy.

Mais par vn accident cassee,
D'vn rang vous estes abbaissee,
Changeant à tous les coups de lieu,
Comme miserable lanterne,
Vous seriez or à la tauerne,
Tantost les morts à l'Hostel-Dieu.

Que dis-je, c'est un vray mensonge,
Ie resue vous estes un songe,
Vous n'estes point faict de chair,
Et dites moy vieille marmotte,
Que n'este vous dans une grotte,
Car vous n'estes filles de l'air.

Allez donc en exil volontaire,
Chercher quelque lieu solitaire,
Pour dire tes dernieres voix,
Craignez vous trouuer un Narcisse,
A la Cour plus doux & propice,
Que celuy qui feust autrefois.

Ceste main large & contrefaitte
Pourroit bien seruir de raquette,
Ce ne sont que nœuds & que nerfs,
Ainsi est la iambe & la cuisse,
Et ses pieds faicts en escreuisse,
Ont une alleure de trauers.

De vostre corps faicte en siringue,
Ainsi que Pan feist de Siringue,
On feroit plusieurs chalumeaux,
Lignes à pescher & houssines,

N v

Bref, comme sus un tas d'espines,
Vn Chasseur tendroit ses gluaux.

QVATRAIN EN DIALOGVE.

DIeu vous gard la Pucelle : ainsi comme ie pense,
Et vous Monsieur le Borgne : ainsi comme ie voy,
Ce sont mes ennemis qui m'ont fait ceste offense,
Et se sont mes amis qui me l'ont fait à moy.

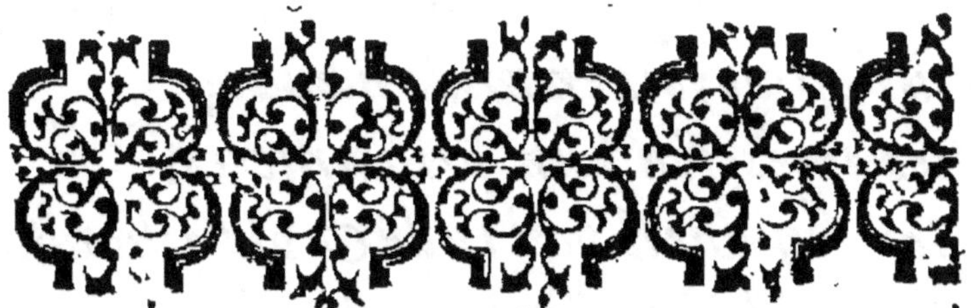

SATYRE.
CONTRE VNE VIEILLE COVRTISANE.

Par le Sieur de Sigogne.

CEste Vieille aux yeux pleins de glus,
A qui de vingt ans ou plus,
La galle dont elle est le giste,
Les cloux, les pouls gros & moyens,
Et tous les quatre mendians,
Tiennent la chandelle beniste.
Ceste-là, di-ie, qui iadis,
Fut d'amour vn vray paradis?
Quand ses beautez vindrẽt à naistre
Est si plaine d'infirmité,
Qu'elle est ores l'extremité,
De cela qu'elle souloit estre.

Elle n'a plus ces blonds cheueux,
Où l'on voyoit en mille nœuds,
Les ames soudain prisonnieres:
Car son vieil poil rude & blanchard,
Ressemble à ce fer de Richard,
Dequoy l'on fait des sourißieres.

Sa belle gorge dont la voix,
Charmoit tant d'esprits autrefois,
Est de chancres si dißipee,
Que l'organe de ses tuyaux,
Au besoin seruiroient d'appeaux,
Pour prendre vn diable à la pipee.

Quand à ses yeux iadis Soleils
Pour le iourd'huy les nompareils:
L'vn est caché dessus la brune,
D'vne maille ou par son malheur:
Il represente la couleur,
D'vne vraye disciple de Lune.

L'autre fixe en vn petit coin,
Du fait de quelque coup de poin,
Ne voit si le col ne desplace:
Ny plus ny moins à l'enuiron,
Que la lanterne d'vn larron,

Qui n'esclaire que d'vne face.
Sa belle bouche qui d'esmail,
Surpassoit mesme le Corail,
Sembloit de roses tapissee,
N'est plus qu'vn vlcere fluant:
De qui ce vilain ius puant,
En plusieurs endroits l'a gressee.
Au lieu de ce baume odorant,
Que les cœurs alloient respirant
De la faueur de son esteinte:
Il en sort vn parfum si fort,
Qu'on le prendroit pour ce qui sort,
D'vne chandelle mal esteinte.
Au reste on n'y voit plus dedans:
Ce double rang de belles dents
Rangee auec tant d'adresse:
Car la plus part mal rangez,
Ressemble aux carneaux ébrechez
De quelque vieille forteresse.
Au reste ce nez dont le long trait,
Faisoit l'honneur de ce portrait,
N'est maintenant qu'vne peuplade,
De bourgeons l'vn sur l'autre entez,

Aussi prez apres r'apportez,
Que les pepins d'vne Grenade.
Bref, ce nez gros comme le poing,
Deffend sa bouche de si loing:
Auec l'odeur puante & forte,
D'où ses deux nazeaux sont remplis:
Qu'il semble d'vn masche-coulis,
Qui deffend le sueil d'vne porte.
Pour le surplus quand à ce corps,
Pourry dedans comme dehors,
Et de qui la veuë est funeste:
Il infecte tellement l'air,
Que le vouloir déueloper:
C'est vouloir engendrer la peste.
Aussi celle qui d'autrefois
Tenoit sous ses seueres lois,
Les plus dignes cœurs en seruage,
Faites qu'ils soient ores dégagez,
Et plus encore que vengez:
Au seul regard de son visage.
Voila comme l'antiquité
A fait voir à sa cruauté,
Qu'au temps tout obeït & cede.

Que toutes choses ont leur tour,
Et comme vn remede d'amour,
S'est fait d'vn amour sans remede.
Au reste ie croy que le poinct:
Pourquoy la mort ne la prend poinct,
Estant ia si vieille & si blesme:
C'est à mon aduis que la mort,
Craint de se prendre à son fort,
Comme à la mort de la mort mesme.

EPIGRAMME.

DVrant le iour Lize n'a point,
Faute d'apas ny d'embon-point:
Mais la nuit est vn squelte,
Le visage qui l'embelit,
Demeure dessous la toilette,
Et n'entre iamais dans son lit.

Autre Epigramme.

VN mary fraiz dict à sa Damoiselle,
Souperont nous ou feront le déduit,
Faisons lequel qui vous plaira dit-elle,
Mais le souper n'est pas encor cuit.

ODE:

Sur le refus d'vn baiser.

Du sieur de l'Espine.

TV te plains petite mauuaise,
Que s'il auient que ie te baise,
Tout aussi tost ma langue y court,
Quoy donc le baiser d'vne fille,

Si la langue ne me fretille,
Me semble trop fade & trop court.
Baiser une bouche fermée,
Qui desprit n'est point animée,
Sans goût humeur n'y sentiment,
Et baiser l'image muette,
Que Pygmalion s'estoit faite,
C'est affoler esgalement.
Tu permets que ma léure touche,
Le diuin corail de ta bouche,
A ma langue le refusant,
Mais ne crains-tu pas qu'elle pense,
Qu'on ne croit pas à son silence,
Et se venge en nous accusant?
C'a la tienne petite folle,
Qu'auec la mienne elle se colle,
Et que par vn si doux lien,
Mon cœur auec ton cœur s'assemble,
Puis elles iureront ensemble,
Toutes deux de n'en dire rien.
Penserois-tu bouche enuieuse,
Que la main delicieuse,
D'un baiser ne fust que pour toy,

Tu n'es faite de la nature,
Que pour estre sa couuerture,
Et le receler sous ta foy.
A lors que sur tes leures closes,
Ie tasche de cueillir des roses,
I'entends d'vn murmure ialoux,
Sa langue qui te dit, mauuaise:
Pourquoy ne serois-ie bien aise,
De baisser aussi bien que vous.
Ouure-toy donc bouche mignarde,
Et si ma langue fretillarde,
A plus d'amour que de raison,
Au retour ferme luy la porte,
Et fais si bien qu'elles ne sorte,
D'vne bonne heure de prison.

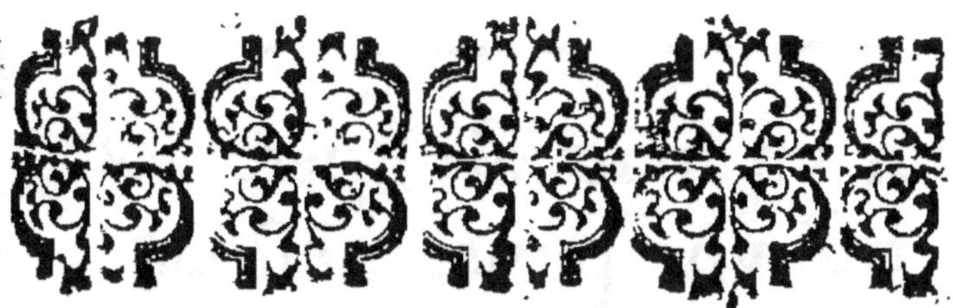

Epigramme.

SVR VN IALOVX.

Par le Sieur Maynard.

I'Entend que vous auez permis,
A vostre compagne fidelle,
De voir librement vos amis,
Homme viuant n'a voulu d'elle:
Mais depuis que vous la guetez:
Chacun pour charmer ses beautez,
Tasche d'aiuster sa rotonde,
Doctes donc Monsieur le Ialoux,
Eut elle peu trouuer au monde,
Vn macquereau meilleur que vous.

Pour vn mauuais Poëte, de qui vne punaize estoit sa Maistresse.

RImeur à l'esprit de trauers,
A qui n'a rien qui ne desplaize:
Tu fais bien de mettre ces vers
Entre les mains d'vne punaize:
C'est monstrer que la vanité,
Au temple de l'Eternité,
Ne pretend point d'estre placee,
Et que l'ouurage le plus net,
Qui se lime en ton cabinet:
N'est que pour la chaise percee.

EPIGRAMME.

ICY gist au teint de Megere,
Perrette qui fus plus legere:
Que n'est vne coque de noix,

Les ans l'auoient tant consumee,
Qu'elle ne viuoit qu'en la voix,
Comme la Sybille Cumee.

Autre Epigramme.

BElle dont les yeux m'ont vaincu,
De sçauoir si Ian est cocu,
Vous auez vne forte enuie:
S'il est cocu, ie n'en sçay rien:
Mais ie sçay bien que de sa vie:
Il n'a baisé femme de bien.

Autre Epigramme.

L'Almanach dit pour certain,
Vn prompt rheume doit ceste annee,
Rauir la plus grande putin:
Qui depuis que Venus est nee,
Ait mis son corps à l'abandon.

Allez à confesse Renee,
De peur de mourir sans pardon.

COCQ A L'ASNE.

A la belle Ianneton.

SALVT.

MAdamoiselle i'ay pensé
Que ie serois bien dispensé
Si ie vous escriuois en haste
Car afin que ie ne vous flatte
C'est que ie ne puis retourner:
Deuers vous pour y seiourner,
Ce qui m'a meu à l'aduenture,
De barboüiller ceste escriture.
Pour m'acquiter en vostre endroict
Encore que l'on voye vn froict
S'opposer à tenir ma plume.

Aussi ie n'ay point de coustume,
De monter iamais à cheual
Quand ie me trouue en quelque val,
A cause que mes iarretieres
Me seruent souuent d'estriuieres,
Et d'autre-part on voit souuent
Boire deuant le Soleil leuant:
Les galopins d'vne cuisine (signe,
Qui nous est marque & vn grand
Du redoutable iugement,
Ioint qu'autant trotte vne iument.
Au plat pais qu'vne escreuisse,
Et si la Cour n'y met Police
Ie me doute qu'vn temps viendra
Qu'vn larron l'autre soustiendra
Mais quoy que soit ie vous coniure
De resueiller vostre nature
Quand vous passerez vn ruisseau,
Car croyez-moy que dessus l'eau
L'on dance bien vne gaillarde,
Mais à sçauoir s'il ne vous tarde
Qu'vn mary vous vienne accoller
Afin de vous depuceller,

Et de voir dans peu de negoces,
Du iour desiré de vos nopces,
Pleust à Dieu que ce fut demain,
Et qu'on vous menast par la main,
A l'Eglise espouser vn Comte.
Ie croy qu'on vous à dit le compte,
De mon cheual qui l'autre iour,
Se mist à genoux prez d'vn four:
Droit sur le chemin de Cormeille,
Vous asseurant que c'est merueille,
De la tour du Louure à Paris,
Et qu'il fait bon voir les maris,
Qui se laissent battre à leurs femmes.
O qu'il y a de gens infames,
A faute d'auoir bien dequoy:
Mais pour vous dire sur ma foy,
On ne prend tousiours ce qu'on chasse,
Et tel aussi souuent menasse,
Qui a grand peur d'estre battu.
Mais le tout au long debattu:
Ie vous ay bien voulu escrire,
Et les douleurs & le martyre,
De nostre petit fantassein,

Qui s'est bruslé sans dessein,
Dans vn feu qui peut plus nuire,
Que celay qui faict le pot cuire:
Dieu que vous auriez de plaisir
Luy voir maudire son desir,
Quand la Iacqueline le pense,
Ie vous promets en conscience,
Que vous iugeriez proprement,
Que ce n'est point enchantement,
Voyez que c'est chose cruelle,
Daller au grenier sans chandelle:
Veu le froid qui est par deça,
Car depuis quatorze ans en ça,
On ne fit en Auril vandange.
  Hé! qu'ē Paradis l'on voit d'Anges,
Et en ceste ville de veaux, (ueaux,
Les premiers fruicts sont les nou-
Selon la carte Gallicane.
Plusieurs fraisez font bien la cane,
Auec leurs habits de tafetas,
Ne vous fiez point à vn tas
De godelureaux à bonne mine,
N'y à celuy-là qui deuine,

Mais fiez-vous du tout à Dieu.
Ie fus l'autre iour à vn lieu,
Où ie vits de belles nourices:
Si vous n'aimez plus les espices,
Mandez-le moy par ce porteur:
Car boire du matin porte heur,
Au dire des Pantagruëlistes.
Or à propos des Sorbonistes,
Sçauez-vous le Dominus pars:
Car Venus a ses gens espars,
Par tout le pais de Surie:
Mais que vaut la babillerie,
Si n'on n'a des escus contans?
Ce n'est sinon que perdre temps,
D'apprendre à dancer aux Truyes.
Nous auons eu tousiours des pluyes
Depuis vn mois en ce quartier,
Et si me dit-on auant hier,
Qu'vne bonne feste s'approche:
Toutefois c'est vn grand reproche,
En ses amours d'estre vn trompeur.
Iesus, & que i'eus belle peur,
Lors qu'on me dit (mais par enuie)

Ne pensez-plus à vostre vie:
Car le mal est enraciné,
A fin d'estre medeciné:
C'est vn grand mal que ialousie:
Nonobstant à ma fantasie,
Ma Dame ne m'a pas vendu.
Pensez vous que i'eusse attendu,
Mon payement passe le terme,
S. Iean ie ne suis pas si ferme,
Que pleust à Dieu que les paillards,
Ne fussent point icy raillards,
Disoit l'autre iour fine-mouche,
Parente de saincte Nitouche,
A fin de s'en faire charger.
Achepter, vendre, ne changer,
Ne peuuent les mineurs en France:
Aussi dit-on que la finance,
Engourdit les plus dispos:
Mais ainsi qu'vn chien ronge vn os:
Ainsi de nuict en plusieurs sortes,
Les amoureux rongent les portes:
Tesmoin soit vn maistre Gonin.
A la queuë gist le venin,

Et si en bref quelqu'vn ne l'oste,
Tel disne auiourd'huy chez son hoste,
Qui s'en ira sans le payer:
Laissez crier & aboyer,
Tous les cocqs marquez sur la creste
Et fuyez de la malle-beste,
Qui donne a viure aux basteleurs,
Car la fin d'Amour n'est que pleurs,
Se dit ma grand'mere Laurence.
Quand vous ferez la reuerence,
Ployez tout bas les deux genoux,
Disant comment vous portez vous?
Bien, Dieu-mercy; qu'elles nouuelles?
On rongne au grand Sacre les aisles,
Dont les loups sont fort esbahis,
Comme estans gens de son païs.
Vous mocquez vous? non sur mon ame
Car Iannette est ore Madame,
Si son mary est Cheualier.
Pour-ce nul ne doit trauailler,
S'il refuse à manger ou boire:
Aussi si i'ay courte memoire,
Pour Dieu ne prenez point l'effroy,

Si ie plains vn plus sot que moy:
Car à faute d'vn Secretaire,
Vn enfant peut son secret taire,
Sauf, à son propre confesseur.
Toutefois ie me tiens si seur,
De vous, ô ma belle cruelle,
Que vous serez auiourd'huy celle,
Pour qui sans estre mocqueur,
Ie prieray Dieu de tout mon cœur,
Vous donner bonne & longue vie:
Pleine de biens & sans enuie:
Adieu donc attendant le temps,
De rendre mes desirs contents,
Qui ne respirent que ceste heure,
De voir que dessus vous ie meure.

SONNET:
Sur le Iacquemard du Pont-neuf.
Par le sieur de Sigognes.

PEtit rat de bresil qui vous a bo-
tiné,

Où allez-vous ainsi en robbe de Guenuche,
Les bras sur les roignons, comme ceux d'une cruche,
Vous fronsez le sourcil, estes-vous matiné.
Vous ressemblez bien fort au petit dominé,
Et iouëriez bien tous deux au mail dans une buche:
C'est le moyne du ieu dessous sa coqueluche,
Il se prepare au bal puis qu'il est satiné.
Petit homme de plomb pour iamais ie vous loge,
Le marteau dans la main à deux pas de l'horloge:
Ayant la plume au vent gaillard & rebondy.
Escrimez tous les iours auecques les corneilles,
Haut les bras Iacquemard il faut

sonner midy:
Si vous craignez le bruit bouchez-
vous les oreilles,

D'IRIS.

EPIGRAMME.

Par le Seur du Gayuerger.

IRIS de qui la face feincte,
Semble celle-là d'vne saincte,
Qui fait sa demeure au bordeau.
Entroit sur vn pont de la Seine:
Mais elle y estoit presque à peine,
Que l'on la couurit d'vn seau d'eau.
Iris n'en est émerueillee,
Ains se voyant ainsi moüillee,
Se fourra dedans la maison,
D'où estoit venu cest orage
Tant pour secher son équipage,
Que pour en tirer sa raison.
En quoy elle ne fut deceuë:
Car estant au logis receuë,
Philon qui auoit fait le fait,

Parut bien tost dans vne chambre,
En tenant en sa main le membre,
Qui auoit causé le forfaict.
Iris lors cognoissant l'affaire,
Dit qu'il ait à la satisfaire,
Sur ce Philon se dépecha,
Et tenant en la main sa torche,
D'Iris il se rendit si proche,
Qu'en la couurant il la secha.

Diuerses Epigrammes, De Glicere.

GLicere vn iour faisant enqueste,
A quelque fameux Medecin,
Qu'el temps pour celebrer la feste,
De Venus estoit le plus sain,
Le soir, dict-il, est delectable,
Et le matin plus profitable.
A cela respondit Glicere,
Laissez-moy faire, i'auray soing,
D'exercer l'amoureuse affaire,

Tous les matins pour le besoing,
Et tous les soirs par allegresse,
Ie remueray de smieux la fesse.

De Phylismond, & de Phylandre.

Philismõd d'une humeur gaillarde
Appelle Phylandre macquereau,
Qui luy respondit bien & beau,
Hé ! que ta femme est babillarde.

A Lisie.

Puisque vous estes si mauuaise,
Et ne Voulez que le vous baise,
Ie vous dis adieu : mais pourtant
Ne me nommez pas inconstant,
Si iamais vostre bonne grace,
Dedans mon cœur eust quelque place;
Ie iure le Dieu mon vaincœur,
Qui vous y estiez ainsi mise,
Comme un benestier en l'Eglise,
Prés de la porte & loing du cœur.

Vers satyriques.

De Ianneton.

Ianneton faict bien la farouche,
Lors que ie veux baiser sa bouche,
Elle me rechasse bien loing:
Ma foy c'est vne fine beste,
Lors qu'elles sent l'auoine preste;
Elle ne faict plus cas du foing,

A Catin.

Bien que vous ayez vn époux,
Patient, debonnaire & doux:
Sans fin vous estes en querelle,
Et n'auez vne heure de bien,
Pourquoy vous faschez vous la belle,
A celuy qui ne vous faict rien?

A Samson.

Mauregard remply d'imposture,
Et les Astrologues vantez,
Ont esté par toy frequentez,
Pour sçauoir ta bonne aduenture:
Ils ont predit que tu serois,
Vn iour plus haut que tous les Rois,
Et voicy qu'on te meine pendre,
N'ont-ils pas dict la verité?

Car tu t'en vas si haut monté,
Que nul ne veut si haut pretendre.

Complainte d'Arethuse, & sa resolution.

TOut le Ciel haut & bas, incessamment remuë,
Iupiter & Venus, & la Lune cornuë,
Et tous les autres Dieux & Deesses aussi,
Dancent au remuëment d'vn amoureux souci:
Les Estoilles qui sont au firmament fichees,
Ores pour remuër semblent des-attachees,
Ainsi dedans le Ciel ie voy que toute nuict,
Chacun en remuant y prendre son deduit,
Et moy seulette au lict, toute nuict

sourieuse;

Ie suis a souhaitter vne dance amou-
reuse,
Afin de remuer ainsi que font les
Cieux,
Car en les imitant, ie ne puis faire
mieux,
Destin donc qui naissant me fait tou-
siours contraire,
Permets que ie remuë, ou bien le face
faire,
Tout se corrompt bien tost qui n'est
point agité,
Et au seul mouuement se trouue vo-
lupté,
Mon pucellage crie & demande ven-
geance,
De ce qu'on le prendra comme vne dé-
berance,
Ie ne veux point cela, mais ie veux, ô
Destin,
Mouuoir continuëment, & le soir &
matin,

Prends-le donc en bon gré: car außi bien la rage,
Qui me tient me fait dire adieu mon pucellage.

De Briffaut.

Briffaut ce bon beuueur c'est esprit tout diuin,
Ce support de Bacchus ce grand amy du vin,
Se rit à tous propos de ceux-là qui peu sages,
Vont recher cher la mort dans le milieu des flots:
Il dit qu'il ne veut pas imiter leurs courages,
Et qu'il vaut beaucoup mieux mourir entre les pots.

A Susanne.

Que te sert tant de fois par vœux solliciter,
Saincte Anne qui preside aux couches de Lucine?

Vers satyriques.

Que te sert tant de fois les Temples visiter,
Embrassant leurs piliers pour te mettre en gesine:
Tu ne dois ce me semble à ses vœux t'arrester:
Si le bruit est certain, qui court parmy la ville:
Chacun dit qu'il n'est point de femme plus fertille,
Et qu'à tous les momens tu ne faicts que porter.

A Ysabeau.

AVecques ie ne sçay quel fard,
Plus que toy-mesme tu és belle:
La nuit ta face couche à part,
Et dans cent boëttes on la celle:
Ainsi le iour tu és pucelle:
Mais Dieu sçait si cela est creu,
Ta beauté tant de fois nouvelle,
Ysabeau n'est pas de ton creu.

A Guillomet.

TV és entré en mariage,
Trop ieune, & trop soudainemēt:
Sans attendre l'esprit & l'âge,
Est-ce faute de iugement:
Amy, ie te diray comment?
Pour mettre vn de tes membres à l'aise
Tu as inconsiderément,
Tous les autres mis en malaise.

Des amis de maintenant.

Les amis de l'heure presente,
Ont le naturel du melon,
Il en faut essayer cinquante:
Auant qu'en rencontrer vn bon.

A l'Espoux d'vne Vieille.

De grande auarice surpris:
Tu as pris la vieille haridelle:
Mais si tu mourois deuant elle,
Chacun diroit, le chat est pris.

Vn timide Rodomont.

Voyez-vous auec quelle audace:
Il nous vient parler de sa race,

Vers satyriques.

C'est aualler de bon morceaux,
Il nous vante son parentage:
Cependant durant son ieune âge,
Il alloit garder les pourceaux.
A l'oüir parler de la guerre,
Il destruit comme le tonnerre,
Forts tours, montagnes, & vallons:
Si vous l'attaquez d'auanture,
Vous verrez que comme Mercure:
Il a des aisles aux tallons.

A PHILIE QVATRAIN.

Vous brustez donc d'amour pour vn suiet nouueau,
Vous quittez Coridon pour le lourdaut Aglaure,
Cõme Pasphaé amoureuse d'vn veau,
Gardez bien d'engenárer vn second Minotaure.

A LISIRIS, TOVCHANT YSABEAV.

NE parlez plus d'Ysabeau,
Ce n'est que fard & peinture,
Vn More a le teint plus beau:
Car l'Art cedde à la Nature.

SONNET.

CE corps défiguré basty d'os & de nerfs,
Couuert d'vn parchemain, où l'horreur est escrite,
Qui fait voir autrauers vne flame illicite,
Pour seruir de lanterne à descendre aux Enfers.

Et ce cœur tout rongé de mille &
mille vers,
Que la vengeance prend lors que l'a-
mour le quitte,
Où l'inceste, où le meurtre, & la fa-
ueur habite,
Et les forfaits commis se montrant
decouuerts.
Qui a veu d'vn tel corps vne telle
ame hostesse,
Corps infect & deffaict, ame fausse &
traitresse:
Sans estre des-vny vous passerez le
bas.
Et si vous nous restez, semence de
desorde,
C'est que de vous l'enfer ne veut en-
cor pas,
Et la mort sur vos os ne peut trouuer
que morde.

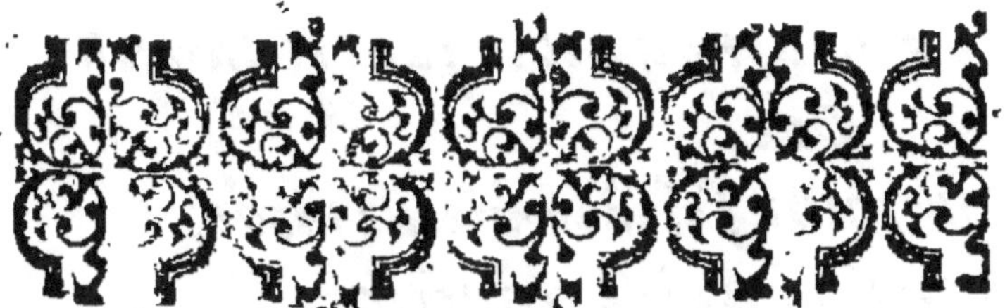

SATYRE.

SVR LE POVRPOINT D'VN COVRTISAN.

Par le Sieur de Sigogne.

Pourpoint des vieux pourpoint le
prince:
Puis que ta dent baueuse pince,
La corde aux honnestes manteaux,
Escoute vn manteau par merueille:
Qui reiette dans tes oreilles,
Les coups de tes honneste marteaux.
Si tu auois outre ta baue,
Pourpoint quelque chose de braue,
Pour t'appeller au lieu d'honneur,
On l'auroit arriere des Carmes:
Mais ton caquet se sont tes armes,

Ne plus ne moins qu'à ton Seigneur,
Puis donc qu'il te faut rendre une Ode,
Pourpoint fait à la vieille mode,
Ie veux vn aide requerir,
L'adresse sous qui il chemine,
Les puces, les poux, la vermine,
Hoste qu'il te plaist de nourrir.
Sus Deesses aux dents veneneuses
Chantons les loüanges fameuses,
De ce pourpoint rapetassé,
Pourpoint qui ressemble vn Prothee,
Changeant sa forme r'apportee,
A l'aduenir du temps passé.
Ce pourpoint fut fait d'vne cotte,
Lasse de seruir à la crotte,
Son estoffe fut noir satin,
Bien qu'il fust de Lucque, ou de Gennes,
Le pauuret a tant eu de peines,
Qu'on luy doit pardonner sa fin.
Encore la medisante histoire,
Comte que ceste cotte noire,

Fut d'Amour vn échantillon,
Pourpoint que la femme à ton Maistre
Reçeut d'vn Muguet, qui peut-estre,
Luy rehaussa le cottillon?

Quoy qu'il en soit, c'est chose seure,
Que tu viens à seruir à l'heure,
Que ce pourpoint de peau de fleur,
Deuint pourpoint de haute-gresse:
Depuis tu as esté sans cesse,
Pauure pourpoint souffre-douleur.

Pourpoint de ville, & de parade,
De ieux, de course, & mascarade,
Pourpoint, & de chasse, & des champs
Pourpoint d'Hyuer, d'Esté, d'Autône,
Auquel du Louure ta Lyonne,
Cognoist ton Maistre dés long temps.

Pourpoint de tous les iours & Festes,
Pourpoint repaire à maintes bestes,
Qui faisant là leurs viuendis,
Rongent la crasseuse charongne,
Qui dépeint à ta rouge trongne,
Vn silence du temps iadis.

S'il est vray ce que l'on dit des chaines
Qui de leurs fenoüilleures plaines,
Engendrent les Mirmidons,
Dieux muez, en soldats de garde
Tous les poux que ce pourpoint garde,
Pour repeupler nos escadrons.

Mais non: car si la coniecture,
Que tout se tourne en pourriture,
Et vraye attente il ne faudroit,
D'vne si poltronne viande,
Qu'vne fort poltronnesque bande:
Qui au besoin nous laisseroit.

Or laissons paistre ceste trouppe,
Garnison du pauure salouppe,
En ce vieux haillon de pourpoint,
Qui fut tout plain à sa naissance,
Et sans autre magnificence:
Sinon d'vn simple arriere-point.

Depuis que la gresse puante,
Eust rendu sa peau reluisante:
Il deuint pourpoint mouchеté:
Puis écaille dégratigneures,
Et nouuelle découpeures:

Tousiours cachant sa pauureté,

En fin les balasphres trop grandes,
Forcent de le mettre à bandes:
Qui fut son dernier sacrement:
Car d'Orleans les armories,
De luy prindrent leur seigneuries,
Les rendant lambeaux proprement.

Neantmoins l'estoffe tresbonne,
Et que son maistre affectionne,
Comme vn belistre son bissac,
Estoffe de longue duree,
De piece se void reparee,
Pour n'estre si tost mise à sac.

Pieces sur pieces on y reboute:
Tant de fois qu'on puisse estre en doute:
S'il reste rien du vieux pourpoint,
Ainsi la nef Pegasienne,
Bien que chargee à l'ancienne,
De forme qui ne meurt point.

L'autheur au mouuement agille,
Que vous eussiez espargné d'huille,

Vestus de cazaquins si gras:
Mais quoy la coüarde froidure,
Dont ce pourpoint est couuerture,
Vous auroit engourdy le bras.
Maintefois le maistre brauache,
Eust appellé la malle-tache,
Pour ce vieux chiffon dégresser:
Mais faute d'vn qui le succede,
Il n'y a point eu de remede,
Que son dos l'ait voulu laisser.
Comme l'eust-il fait si sa pense,
Pour faire vn iour de penitence,
Pouuoit en vn lict se cacher:
Mais tapy de table sans aide,
Sans son pourpoint qui est son guide,
Il n'en n'eust osé approcher.
Ce pourpoint à fait mainte plainte
Dequoy son estoffe en noir teinte,
Ne vouloit montrer son reuers:
Sinon, quand elle se dechire:
Mais helas! le dedans est pire:
Car il est tout mangé de vers.
Et tout mal-autru qu'il peut-estre,

Gras

[illegible] plus qu'un [illegible] de Prestre,
[illegible] au moins [illegible],
Comme vn [illegible],
Aux bordeaux & à la taverne,
Aux brelans presque à toute heure,
Il semble en quelque [illegible]
De les [illegible] & la canaille,
[illegible]ment par devotion,
Qu'ils luy viennent rendre hommage,
Cognoissant que ce bagage,
Est en sa jurisdiction.
Pourpoint de [illegible] grande,
[illegible] pour ne payer l'amende,
[illegible] toujours paillard,
[illegible]
[illegible] dessus sa friperie,
[illegible] Corbeau babillard.
Qui est [illegible] pour sa [illegible],
Cherche point d'autres [illegible],
[illegible] de ce pourpoint [illegible],
[illegible]
[illegible] & [illegible]
[illegible] pourpoint [illegible]

Pourpoint de chiffres découpé,
Gardant Ulysse des coups d'espée,
Car tout au rebours de [illegible],
Celuy qui auec soy te traine,
[illegible] de haine,
Qui t'en cherche l'esloignement.
O Palladion de ton maistre,
Pourpoint que le gueux fut adextre,
Qui te deroba vn matin,
Comme Vlysses celuy de Troye,
Qui deuoit demeurer de soye,
Heureux d'vn si riche butin.
Soit qu'aux Baumes il te [illegible],
Soit que pour seruir d'vne offrande
Tu sois en Italie porté,
Estendars de nouuelle brauade,
Rendant en l'honneur de [illegible]
Aux picoreurs la liberté.
Gueuses, putains, & maquerelles
Te feront dresser des Chapelles
[illegible], & au port au foin,
Et [illegible] propice
Enuers la Deesse Malice.

Pour ceux qui en auront besoin.

Tous ceux qui auront l'ame esprise
De ce qu'on nomme couardise,
Fuyarts, trompeurs, & s'affraniers,
Viendront implorer ton suffrage,
Et bien souuent le cocuage,
Ne s'y rendra pas des derniers.

SATYRE.
CONTRE VNE DAME
TROP MAIGRE.

Par le sieur de Sigognes.

PEtite haridelle harassee,
Sequestre de peaux & d'os,
Tournez ailleurs vostre pensee,
Et laissez-moy viure en repos:
Ie veux un plus ferme en-bon-point,
Ou qu'Amour ne m'en parle point.
Cherchez une nouuelle proye,

I'entendois bien autre rencontre,
Et autre caresse de vous.
Ainsi sous vne belle montre,
Les hostes se mocquant de nous,
Iamais plus pour vostre satin,
Ie ne me leueray matin.

Qui ne se prendroit dans le piege,
Lors qu'vn vertugadin pipeur,
Et que les patins hauts de liege,
Cachant la taille & la maigreur,
Ie vous mescogneus dans les draps,
Ou rien n'est grand que vostre cas.

Ceux qui pipent de l'apparence,
Aspirent à vn fruit plus doux,
Au plus loing de leur esperance,
Au lieu de chair trouue des cloux:
C'est tesmoigner trop de valeur,
De picquer le corps & le cœur.

Fy de vostre amoureuse enuie,
I'en seray tousiours allarmé,
Si vostre desir m'y conuie,
Ie n'y retourne plus qu'armé,
M'en donne qui voudra le tort,

Vers heroïques

[illegible] employez ce bois,
[illegible]
Qu'amour rend un peu rigoureux.
J'aime autant [illegible] part [illegible]
Que de me frotter plus à eux.
Si vous les tourmentez ainsi,
Ils s'allumeront à la fin.

Ce bois qui luy mesme s'enflame
Dont les Indes font tant de cas,
Est fort admirable Madame,
Mais moy je ne l'estime pas,
On auroit du feu bien plus [illegible]
En [illegible]
Vous avez assez bonne grace
Et sçavez [illegible]
Taschez donc de devenir grasse
Ou bien faites [illegible] d'amour.
Et si [illegible]
Portez-y cependant le doit.

COMBAT D'VN COVRTISAN, ET D'VN POETE.

Ou d'Astramond, & de Philarque.

SATYRE.

Par le Sieur du Gayuerger.

VN Courtisan audacieux,
Qui despitoit mesme les Cieux:
Auec les crocs de sa moustache,
Qu'il mettoit tousiours de trauers,
Apprit qu'on auoit fait des vers,
Qui blâmoient son double pannache.
Il iure à l'heure par la mort,
Qu'il auroit raison de ce tort,
Et mettroit en capilotade.
Celuy qui tellement osé,
Auoit bien seulement pensé,
De luy iouer telle brauade.
Il iettoit le feu par les yeux,

Et comme un homme furieux,
Qui a horreur, l'ame occupée,
Viendroit s'attaquer à moy:
A moy qui fais à tout la loy,
Par le trenchant de mon espée.
Mais en fin c'estoient des discours:
Car en se promenant peu de jours,
Apres ceste belle boutade,
Il fit rencontre de celuy
Qui avoit escrit contre luy
Les vers autheurs de sa foucade.
Il vient à luy comme enragé,
Et comme un qui est outragé,
Luy vient iurer que par la teste
Si selon qu'on luy avoit dit,
Il avoit de son nom medit,
Qu'il estoit fol & une beste.
L'autre qui se veut ressentir,
Pense aussi tost l'en dementir,
Garny de ce grand personnage,
Et donnant puis apres du poing,
Il donne un coup sur le groin,
De cest effronté qui l'outrage.

Qui auoient esté spectateurs,
De son combat dix sols pour boire.
Et pour mieux l'immortaliZer,
Ils s'en alla PoetiZer,
Pour rendre la gloire certaine,
De son combat plain de hazard,
Et tel que iamais Iacquemard,
N'en vit vn si grand sur la Seine.

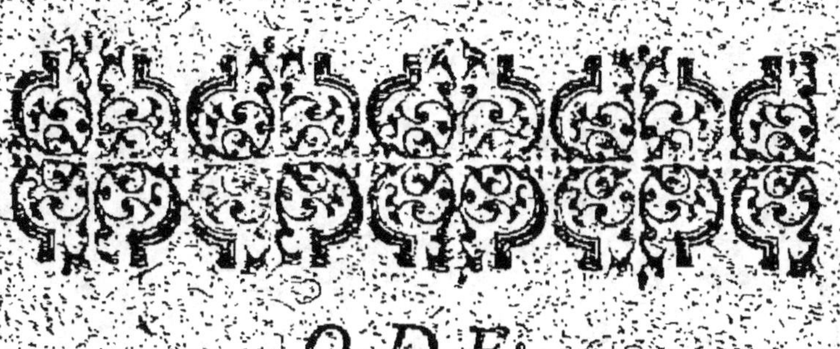

ODE CONTRE L'AVARICE D'VNE DAME.

Par le Sieur Motin.

NE parler qu'auec grauité,
Et dire qu'amour est vn vice,
C'est aux autres pudicité,
Et à vous ce n'est qu'auarice.

De vostre amitié mutuelle:
Car vous me preniez pour donneur,
Et ie vous prenois pour fidelle.
Aussi depuis vous reprenant:
N'ayant à moy point de resource,
Vous me voulez du mal autant,
Que si i'auois pris vostre bource.
Quittons nous donc d'affection,
La vostre si peu retenuë
Me semble vne polution,
Qui m'est en songe suruenuë.
Mais ie vous donne aduis certain,
Que pour vous montrer genereuse:
Il faut bien faire la putain:
Sans pour cela faire la gueuse.

SATYRE SVR LE MANTEAV D'VN COVRTISAN.

Par le Sieur de Sigognes.

Manteau, des manteaux le
minime,
A [illegible] estoit exempt de la pi[illegible]
Pour la [illegible] pauvreté,
En son effect incomparable,
Manteau neantmoins venerable
Pour son extreme antiquité,
Et [illegible] te mange,
Si vieux [illegible]
Et quand un [illegible] par honneur
Qui ta capacité petite,
Enfin que son vieil haillon merite

D'auoir quelque place en mes vers.
Deesse au visage effroyable,
Par toute la terre habitable,
Des humains la peur & l'effroy:
Qui regnent dessus la misere,
Et ton geste triste & austere,
Maigre Deesse inspire-moy.
Ce manteau qui n'a point au mõde
D'autre manteau qui le seconde,
Fut iadis d'vn drap assez fin,
Manteau ou l'on ne peut cognoistre:
Si c'est serge, ou drap, ou limestre:
Car le pauuret tire à la fin.
Il fut d'vne façon honneste,
Premierement manteau de feste,
Garny d'vn colet de velours,
Et d'vne doubleure de frize:
Puis tost apres changeant de guise,
Deuint manteau de tous les iours.
Il eust vn compagnon fidelle,
Qui dure iusqu'à la ficelle:
Bien qu'il fut debille & floüet:
Manteau qui fit durant sa vie:

Qui mit la ligue dans son tombeau,
Dont il en conçeut telle rage,
Qu'il retourna dans le bagage,
Pres de son fidelle manteau.
Il y a d'vne belle maniere,
Et de grace particuliere,
La proprieté d'un serpent:
Car autant de fois que l'vsure,
Luy donnant quelque découpure:
Autant de fois il se reprend.
Ce manteau se rend si traitable,
Qu'il est tapis de la table,
Qui ne seruit oncque à manger,
Vne chose le reconforte:
C'est que iamais on le porte,
Aux batailles, ny au danger.
Mais apres tant de bons seruices:
Il a enduré mille suplices,
Par la cruauté d'vn valet,
Qui à fin d'espargner sa peine,
Pour la crotte ronge la laine,
Et le rend petit mantelet.
Son maistre le fait par malice:

[illegible]

[illegible]

[illegible]

[illegible]

[illegible]

[illegible]

[illegible]

[illegible]

[illegible]

Mais comment ne pourrois-je faire

[illegible]

[illegible]

Puces, poux, punaises, & mouch[es]

Dressez sur luy vos escarmouches,

Faisans la guerre à coups ouvers,

Loing d'embusches & de mont[agne]

Au plain d'une rase campagne

[illegible]

[illegible]

[illegible]

[illegible]

[illegible]

[illegible]

Il fut cousinet pour la trousse:
Encor, il a seruy de housse,
A quelque cheual emprunté,
Ce valet allant en message,
Qui n'eust oncque pratique ny gage,
Souuent sur son dos l'a porté.

Diligent & prompt à merueille,
Sans cesse pour son maistre il veille:
Ayant l'esprit & iugement:
S'il void vn Sergent par la rue,
Tout aussi tost il se remue,
D'vn perpetuel mouuement.

Ce manteau ce sont choses seures,
A vsé dixsept doubleures,
En changeant maintesfois de teint:
Qui en mille couleurs se change,
Comme vn camelot estrange,
A toute heure teint & desteint.

Le gris fut sa couleur premiere,
Tost apres changeant de maniere,
Le ver-gay luy fut ordonné,
Et tost apres changeant de sorte:
Il reuint de fueille-morte:

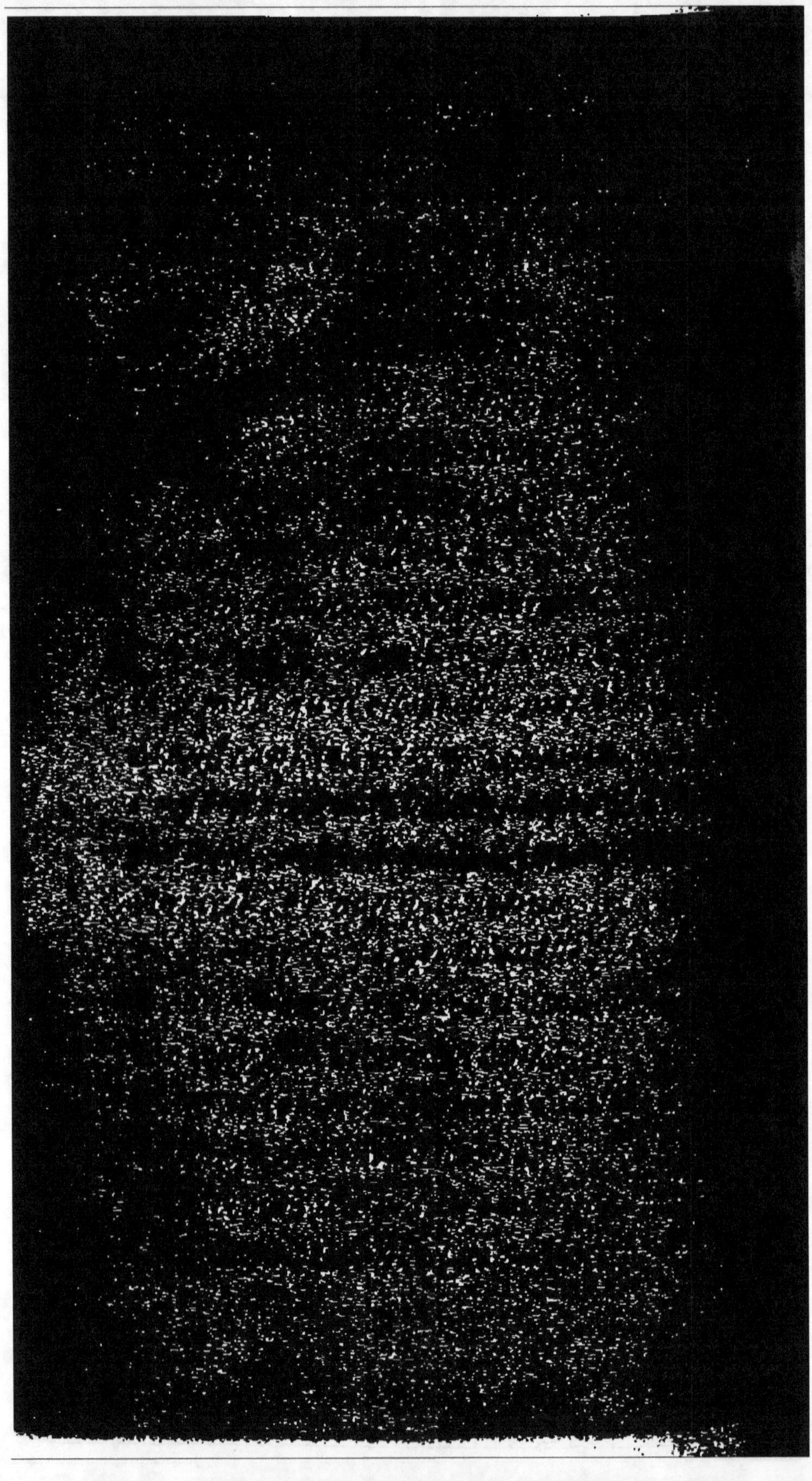

Lasse du seruice de ton maistre:
Tu merite bien vn tableau.
Puis que tu as pour recompence,
Dans le temple de l'Indigence,
Vn reliquaire precieux:
Sois donc d'vn zelle charitable,
Vers la Deesse miserable,
Le mediateur pour les gueux.

EPIGRAMME.

Par le Sieur d'Auity.

I.

CE mignon fraizé que tu vois,
Estre de ce lieu la merueille,
A mon aduis n'a plus de doigts:
Puis qu'il a la bague à l'oreille.

II.

L'autre iour Madame Françon,
Se voyant estre soupçonnee:
S'est par vne estrange façon,

Puis [illegible]
[illegible] l'embonpoint [illegible]
Seroit tousiours de la fesse,
Les souliers d'un pied de long [illegible]

SATYRE.
CONTRE VNE DAME
MAIGRE ET SAVVAGE.

Du Sieur de Sigogne.

Es malheureux equipages
De cette grand femme sauvage,
Des plis de son manchon
L'on feroit bien vn capuchon,
Trois bonnets et deux mitaines,
Le [illegible] pour ses estraines,
Vn masque [illegible] de velours.

Puis que le sien de tous les iours,
De son vieux satin iette l'huille,
Comme pluye tombe sur thuille.
Vne Biche qui du bois sort,
A ses alleures, & son port,
Et vn sainct Cresspin de boutique,
Les traits de sa médaille éthique,
Les iongs de son vertugadin,
Les cheruis de son iardin,
Et les vitres de sa chappelle,
Ont autant d'en-bon-point comme elle,
Sa robbe courte en vieux haillon:
Encore plus son cottillon,
Ses calçons pour la duree,
Sont de forte vache paree.
Comme espoucette de cheual,
Et non de toille de Laual,
De Cambray, Quintain, ou Holande,
Ses chemises elle demande,
L'éguillette de son calçon,
Est curé comme vn limaçon,
D'vn maroquin passé en galle,
Au demeurant la forte galle,

Q

Est sur elle en toute saison,
Comme poux en plumes d'oyson,
La malheureuse ne s'achette:
Iamais, ny chausson, ny manchette,
Qui parle de rien parfumé,
Dans sa maison a blasphemé,
On la void maigre & rechignee,
Chercher au planché l'araignee,
Faire neuf tours dans le logis:
Puis, comme le Sorcier Maugis,
Aux iours solemnels de l'annee,
S'en aller par la cheminee,
Et sans patins, & sans rabat,
Tenir son rang dans le Sabat,
Paroistre en chat dans les goutieres,
En esprit dans les Cimetieres:
Puis en carcasse toute d'os,
De la Cour troubler le repos,
Et se faire bailler de la finance:
Sans raison, ny sans esperance,
La Nimphe de chariuary,
A trouué vn pauure mary,
Qui l'estime sa seconde femme,

Comme le serf fait le dictame,
Chetif où auiez-vous les yeux,
Là monstriez-vous sans estrieux:
Ie m'esbais cheual de bresse,
Que son pas bien fort ne vous blesse,
Maigre auiourd'huy grasse demain,
Elle a tousiours le ventre plain:
Car ce qui fait femme nourrice,
C'est son maniable exercice,
Ses enfans aux nez d'escargot:
Naissent aussi longs qu'vn fagot,
Et comme cailles desnichee,
Soudain vont chercher leurs becquee,
Allans par toute les maisons,
Comme rats, ou petits oysons:
Ceste image de iument morte,
S'en va par tout de porte en porte,
Dessous sa coiffe de cabat,
Paree d'vn demy rabat:
Sans chesne, perle, ny dorure,
Comme de cappe sans fourure,
Longue & droitte comme vn ormeau,
Elle entre à grand pas de chameau,

A trois petites reuerences,
Comme paisannes qui dances:
Sans sçauoir, ny comment,
Elle asseure fort son serment:
Sur tabouret, ou bout d'vn coffre:
Elle s'aßied sans qu'on luy offre:
Et d'vn pied non iamais leué,
En coursier frappe le paué,
Baston de lict, longue escabelle,
Des vieux siecles la gargamelle:
Aigle ou chainet fait de metal,
Escornifleuze d'Hospital.
Ie veux qu'en France l'on vous croye,
Femme du grand cheual de Troye,
Comme luy grosse de soldarts,
De tabourins & d'estendarts,
Et par tout de peur d'embuscade,
Contre vous l'on se barricade,
Que les enfans en tous endroits,
Vous voyans esleuent leurs voix.
Comme les pages dans le Louure?
Quād maistre Guillaume on découure:
Ainsi sorciere de fort haut lieu,

Retirez-vous dans le milieu,
D'vn grand gueret semé d'auoine,
Prenez l'aumasse d'vn Chanoine,
Pour vous faire vn cache-museau,
En bouche tenez vn fuseau:
Prenez vne robbe de paille,
Armez-vous d'vn iaque de maille,
Et couurez vostre long ergot,
Non d'vn soulier: mais d'vn sabot,
Là soyez ferme & immobille,
Comme le but d'vn ieu de bille.
Sinon qu'en gros & en destail,
Vous remuez vostre euentail,
A fin d'empescher que la gruë,
Sur le grain semé ne se ruë,
Demeurez-là bien sagement:
Iusqu'au bout du iugement.

Epigramme.

IL a passé son meilleur temps,
Et vous veux faire vn auãtage,

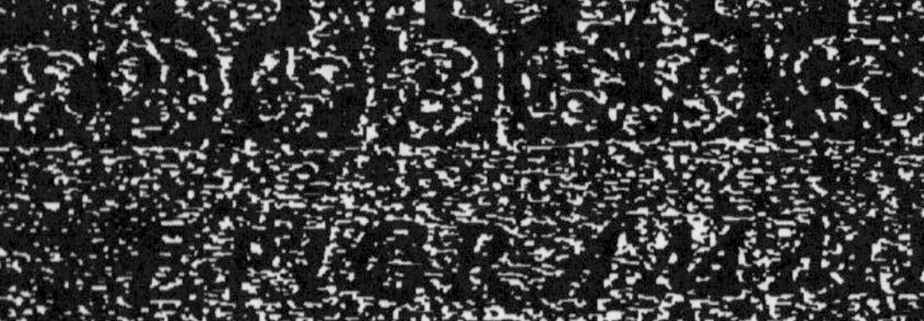

DE MARGOT.

MA foy Margot me fait rire,
Alors qu'elle me vient dire,
Que son mary n'est qu'vn veau:
Il a ia passé ses bornes:
Car puis qu'il porte les cornes,
Iugez s'il n'est pas Taureau?

A IANNETON.

IAnneton ma Nymphe au bel œil:
Si tu veux croire mon conseil,
Quitte ou renfroigné Thersite:
Il en faut à ton merite,
Qui soit plus galland & plus beau,
Par ma foy ce seroit dommage,
Que dans vne si belle cage,
L'on nourrit vn si vil oiseau.

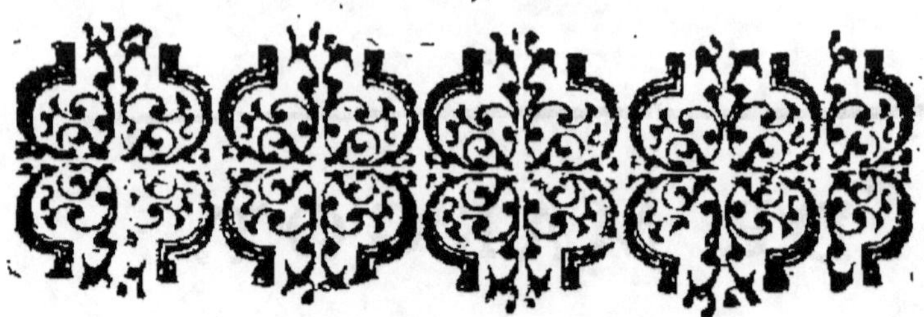

SATYRE.
CONTRE LA DESDAIGNEVSE CLAIRE.

Par le Sieur de Gayuerger.

PVis que vous mesprisez les eaux,
De nostre Brie, & ses ruisseaux,
Et faisant de la dédaigneuse,
Dites qu'il n'est point de party:
Ny d'amant si bien assorty,
Dont vous puißiez estre amoureuse.
Il vous faut aller à Paris:
Car auec vos mignards sous-ris,
Et vostre belle & blonde tresse,
Vos yeux si doux & plains d'attrais
De quelque porteur de cotterets,
Vous pourriez estre la maistresse.

Car quand à moy ie ne croy pas,
Que vous puißiez par vos appas:
D'autres que telles gens attraire:
Si ie dis que vos yeux sont dous,
C'est que ie me moque de vous,
Ie sçay bien qu'ils sont le contraire.

Si vous ne croyez mes discours:
Il faut que vous ayez recours,
A vostre miroir dont la glace,
Vous fera voir en verité,
Qu'on ne void rien à la beauté,
Si contraire que vostre face.

Mais gardez bien en vous mirant,
Et trop attentiue admirant,
L'hideuse façon de vostre ombre,
De vous noyer dedans vos pleurs:
Ainsi que celuy qui des fleurs,
Par sa triste fin creust le nombre.

Encore si le mesme sort,
Vous faisoit estre apres la mort,
Changee en fleur si agreable,
Heureux seroit vostre trespas:
Mais pourtant ne l'esperez pas,

Le Ciel n'eſt à tous fauorable.

Car puis que vous ne faites cas,
Des Docteurs, ny des Aduocats,
Des Cornettes, ny des Soutanes,
Les Dieux ne vous feroient pardon:
Mais vous changeroient en chardon,
Pour ſeruir de paſture aux aſnes.

D'AGATHE.

D'Agathe l'ame i'arreſtois?
Quãd ie la baiſois dãs ſa couche:
Mais auſſi toſt que i'en ſortois,
L'ame luy ſortoit par la bouche.

CONTRE VN BORGNE MESDISANT.

Tv es borgne, & tous nos Poëtes,
Tu reprends, cõme faiſant mieux.

Pour voir les fautes qu'ils ont faites:
Tu deurois auoir deux bons yeux.

EPIGRAMME.

LIZe à qui mes desirs firent iadis hommage?
Quand ie voy sous le fard ton visage caché:
Ie dis que ton mary commet vn grand peché,
Comme Pygmalion il embrasse vne image.

SATYRE.
SVR LE TESTAMENT D'VNE IEVNE COVRtisanne.

CY gist où gira quelque iour,
Vne fillette de la Cour:
Autant impudique que belle,
Qui ne voulant perdre son temps,
En craignant de mourir pucelle,
Se le laissa faire à dix ans.
Dottee en fille de maison,
Elle pouuoit auec raison,
Esperer vn party sortable:
Si les aiguillons de la chair,
Qui ferment le delectable,
Eussent permis de le chercher.

Digne d'vn lubrique renom,
Oncques ne sçeut dire que nom:
Tant elle estoit honneste & bonne,
Et peut asseurer par serment,
Qu'elle n'a éconduit personne,
Qui ayma ceste esbatement.

Parmy mainte aymable vertu,
Dont son esprit fut reuestu,
L'auarice se faisoit craindre,
Rendant quelque sot indigent,
Qui pourtant ne s'en osoit plaindre:
Ayant choisi pour son argent.

Le iour que ce bon cœur mourut,
Chacun à son lict accourut,
Pour enrichir de sa cheuanche:
Mais son testament retenu,
Luy fait perdre ceste esperance,
Sous semblables mots contenu.

Puis que du bon cœur des humains,
Et de tous les plaisirs mondains,
La mort veut priuer ma ieunesse,
Brustant de zelle & de foy:
Il faut qu'à quelqu'autre ie laisse,

Ce qui ne peut plus estre à moy.
Plaisirs goulument sçauoureux,
Trop tost par le temps deuourez,
Dont le souuenir me bourelle:
Ie vous resigne apres mes iours,
A ceste compagnie fidelle:
Qui fauorisoit mes amours.
Ses offices merite bien:
D'auoir ce legat sur mon bien:
Ils sont dignes de recompence,
Estant reçeus bien à propos:
Ils luy feront enfler la pance,
Et comme à moy pisser des os.
Ie vous rends affiquets & fard:
Puis qu'il faut laisser tost ou tard,
Toutes mes beautez empruntees,
Et la paste, la poudre, & l'eau:
Par qui de mes mains effrontees:
I'ay conduit mes pieds au bordeau.
Ie donne à mes tristes parans,
La honte de mes ieunes ans,
Pour leur abbaisser le courage,
Chargent leur, & leurs successeurs,

De partager ceste heritage:
Auec le reste de mes sœurs.
Ie legue toutes mes senteurs,
A celuy de mes seruiteurs,
Que ie iuge en auoir affaire,
Et de plus ceste reste d'eau:
Qui ne m'estant plus necessaire,
Luy blondira son poil de veau.
Item, ma liberalle humeur,
Donne des sens-raßis & meurt:
A ma gouuernante pipee:
Tant d'yeux qu'ils luy soiẽt superflus,
A fin que si ie l'ay trompee,
Vn autre ne la trompera plus.
Puis que ie donne à mon tailleur,
A faute de rien de meilleur,
Les embouchëures que ie porte:
Sçachant bien qu'il seroit faché,
Qu'on vit lors que ie seray morte,
Le pacquet qu'il a tant caché.
Apres tous, ie donne au Curé,
Ce fils qu'amour m'a procuré:
Sans le sceu de ma gouuernante,

Croyans que parmy les damnez:
Sans blaspheme il ne se lamante:
Ainsi que les freres aisnez.

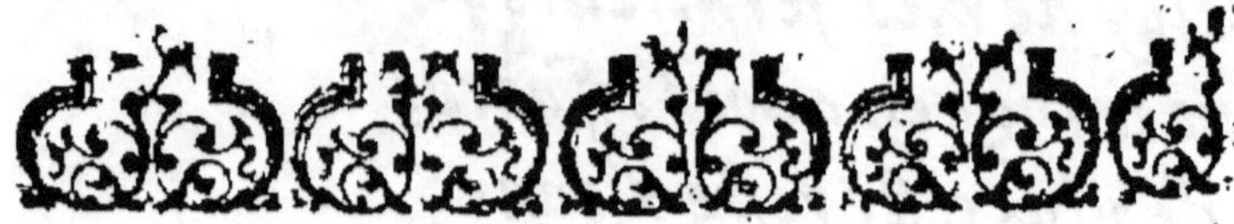

SONNET: DE IANOT, A NISON: AVEC LA response.

Par le Sieur du Gayuerger.

TV és blanche Nison, comme vne cremailliere:
Tu as le dos vny, comme celuy d'vn luth,
Et le neZ aussi long que le diable a voulu:
Tes tetins sont estroits, comme vne gibesiere.
Ton œil est attrayant, comme vne sorciere,

Ton sein est aussi gras que l'on void
vn merlu,
Et aussi ton menton n'est qu'vn peu
dissolu,
Qui se diuize en deux, comme vne
fourche-fiere.
Tes leures ont l'éclat d'vn iaune
parchemin:
Ta gorge est applanie: ainsi qu'vn grãd
chemin:
Tes bras sont potelez, comme pieds
d'escabelle.
Et ton deuant est tel que la guelle
d'vn four:
Ainsi donc, ma Nison, en te voyant si
belle,
Hé! qui seroit celuy qui n'auroit de
l'amour.

RESPONCE AV SONNET DE IANOT: par Nizon.

MOn Ianot, tu és blanc, comme vn air de tripot:
Tu as le dos vny, comme on void vne malle,
Le nez endiapré de boutons & de galle,
Qui iette vne liqueur, comme écume de pot.
Tu as l'œil éveillé, comme on void vn ragot:
Tu as vn beau groüin, s'il n'estoit vn peu salle,
Ton menton allongy à tout le monde estalle,
Que tu as l'en-bon-point d'vn malheureux fagot.

Ta bouche rend l'odeur d'vne pance
pourie,
Ton col semble celuy d'vn pendu de
voirie,
Et ton sein à la peau d'vn antique
tambour.
Tes bras sont potelez comme ceux
des eschelles,
Ainsi, Ianot, voyant tes beautez estre
telles,
Qui seroit celle-là qui n'auroit de
l'amour.

SATYRE. SVR LE HAVT DE CHAVSSES D'VN Courtisan.

Par le sieur de Bouteroue.

PVisque, des-ja l'on a descrites,
Les louanges, & les merites,
D'vn manteau vieil, & d'vn pourpoint:
Il faut que mon stille se hausse,
Pour descrire vn vieil haut de chausse
Car son pareil ne se voit point.
C'est bien raison que ie le chante,
Car l'estofe la plus meschante,
Soit de drap, velours, ou satin,
D'vn haut de chausse est venerable,

Et tousiours le premier à table,
On le fait asseoir au festin.
Tant de beaux ouurages d'aiguilles
Que font les femmes & les filles,
Diuers en couleurs & façons,
Pour couurir bancs, scelles, & chaises,
Ce n'est que pour mettre à leur aises,
Haut de chausse & calleçons,
Ma plume aux Muses ne s'adresse,
Aussi bien aux filles de Grece,
Les calleçons sont deffendus:
Ains leur robbe iusqu'à la hanche,
Descouure à nud leur cuisse blanche,
Par les costez qui sont fendus.
Vieillard & chetif haut de chausse,
Bon petit hobreau de Beausse,
De velours tout gras & taché,
Iamais Samedy ne se passe,
Qu'on ne te couse & rapetasse,
Tandis que ton maistre est couché.
Nous auons fort peu de lumiere,
De ton origine premiere,
(Qui peut parler de si l'ong temps)

D'vn frippier regrateur d'habis,
Où l'on te frotta de lescive,
De tac, terre blanche, & chaux vive,
Et de fiel de bœufs, & brebis.
Vn morceau d'étamine noire,
Et là d'vne décrottoire,
Presque tout le poil arracha,
Sur toy mainte playe ancienne,
Au lieu de la Nicotienne,
Par l'esguille te reboucha.
Lors t'on estoffe retournee,
D'vne sotte brayet. e ornee,
Qui s'alloit demy pieds dehors,
Et la doublant de deux reuesches,
On en fit de grosses guerguesces,
Ainsi qu'on les portoit à lors.
Tu seruis long temps de parade,
Tantost à faire Masquarade,
Pour les iours gras & Carneual,
Tantost pour les Rois de l'escolle,
Qui d'vne ambition plus folle,
Font la my-Caresme à cheual.
Combien de fois ta belle soye,

Comme fut le Roy de Troye,
Et les Cheualiers d'Amadis,
Quand Agrapart la fée aymoit,
Tenoit l'Hostel de Bourgongne,
Quelque histoire du temps jadis.
Ie ne sçay comment se peut faire,
Qu'à la fin ce fust d'vn maistre,
Soit mal pris ou soit acheté,
Il se fait oster maint tache,
Et se mit en long bas d'attaches,
Que le marchand auoit presté.
Longtemps à la Cour vint vestu
D'vn habit d'vne mesme sorte,
En six mois il fut bien changé,
En nouuelle taille & couture,
Ayant pris dedans sa ceinture,
Le gris-brun apres l'orangé.
En longues chausses bien estoffees
Comme les voiles bouffees
D'vn Nauire qui va nageant,
Tu t'eschangeras & ta pochette,
Du larcin la feinte cachette,
Et ses galons de faux argent.

Et des

Porte une touffe de chiens,
Il faut qu'en son [illegible] sa [illegible],
Ne pouuant plus par sa vieillesse
Le garentir de la froideur,
Il faut que de chiens luy en sorte,
Pour seruir d'enseigne à la porte
De quelque pauure rauaudeur.

Epigramme.

Cy gist qui faisoit le mauuais,
Vestu de serge de Beauuais,
Depuis le pied iusqu'à la teste,
Te prions, passant, [illegible]
tiours,
Faire des oraisons pour l'ame d'[illegible]
beste.
Est ce pas plu[illegible] des oreilles de D[illegible]

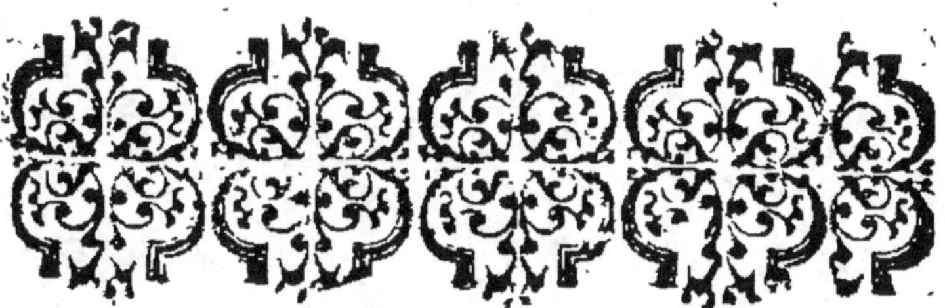

LETTRE EN GALIMATIAS.

Par le Sieur de Sigognes.

SATYRE.

CHagrin, haletant, morfondu,
Couché de trauers estendu,
Palle comme les mains d'vn singe:
Ayant sur l'estomac vn linge,
Qu'auec besoin l'on m'a chauffé,
Et m'estant iustement coiffé.
En femme qui bat la lescive,
Ie vous escrits ceste missiue,
Madame, pour vous faire voir,
Que ie recognoist le deuoir,
Dont enuers vous mon cœur s'oblige:
En mon mal ce qui m'afflige.

Vers [illegible]

C'est que mon œil ne vous void plus
Car je suis dans mon [illegible]
[illegible]
Je resue en ma folie,
Je voy mon [illegible] s'attacher
Avec [illegible] qui coulent d'un rocher
[illegible] dedans une coquille,
I'ay derobé dans la Bastille,
Le thresor du Sieur de Rosny:
Puis de crainte d'estre puny,
Je [illegible] soudain en campagne
Je fais des chasteaux en Espagne
Je void foullant dans un bassin
Vn qui faisoit le Medecin,
Qui [illegible]
Doit encore aller en Syrie,
Je void sur vn beau petit mont
Grand nombre de filles qui font
Au temple de [illegible]
Des traits de l'enfant de Cyprine
Je void le grand Turc [illegible]
Qui [illegible]
Je void des hommes en [illegible]

Craignant de gaster leur rabat.
Ouy auoir le corps en souffrance,
Parler des Mareschaux de France;
I'ay veu des Prelats les vertus,
Ces sages sont de gris vestus,
Et leurs tours sont faux de sa bande,
Les guestes de la Sarabande,
Ie voids en l'estat où ie suis,
Vn gros maroufle dans vn puis,
Qui tenoit le bout de la corde,
Demande à Dieu misericorde.
Ie void des Rois comme Bergers,
Se promener dans des vergers.
Puis i'embrasse nud en chemise,
Toutes les beautez de la Marquise,
Et qui plaine de bon desir,
Me permet l'vnique plaisir,
Où l'amant bien aimé se plonge.
Il est vray que ce n'est qu'en songe.
Ores ie dessille mes yeux
Ma teste se porte vn peu mieux,
Mon amour est plus insensée
Mais elle seroit offencée.

Si vous ne m'accordez l'honneur,
D'estre vostre humble serviteur.

GAVSSERIE EN GALIMATIAS.

Par le Sieur de Sigognes.

IL n'est rien plus beau ny plus
fable,
Qu'un teint de iuppe de contable,
Ny si remply de playsir,
Que voir son visage moisir,
Les ioues plaies & ridees,
Et les deux mains toutes fardees.
L'heurrez les cœurs tant seulement
Le Roy d'Inde pompeusement,
Vestu de bleu, de gris, de jaune.

Sous le moule du siecle antique,
Medecin apres de pratique,
Je suis en fin, puisqu'il le faut:
Mais non pas avec un rechaut.
Comme Messieurs de la plus fine,
Qui ont passé par l'examine,
On fait asseoir son gros amour,
Qui a six ou sept pieds de tour,
Dessus une large escabelle,
Au beau milieu de la ruelle.
Chacun s'en va de peur du bruit,
L'on luy met son bonnet de nuict,
Large & plat en platte assiette,
Deux savoirs une serviette,
Sont redoublez sur le bonnet,
Le coiffant comme un simonnet.
Puis trois grands Laquais, & un
Page
Luy vont souflant dans le visage,
Ronflant, bouffant, & tout fumeux,
Bavant il soufle contr'eux,
En ceste agreable exercice,
De ses enfances de nourrice.

De son froid, & de [illegible]
L'eau [illegible] comme [illegible]
Ma chambre en est chaude & [illegible],
Comme une tripe à l'estuvée,
Soudain le regard enflammé,
D'un homme à demy enfumé,
Me fait en poudre [illegible],
Comme celle du grand Alexandre,
Qui jouit en parfum se resout.
Aussi tost me voila debout,
[illegible] pourtant aussi ne porte,
Ma robbe de la mesme sorte,
Que faisoit le grand Hannibal,
La grande cappe le jour de bal,
[illegible] saison du feu Roy Charles,
[illegible] mon bonnet en forme d'Arles,
Ce sont des gens bien estonnez,
Que ceux [illegible] n'ont point de nez.
J'ay veu [illegible] sans sortir de [illegible],
[illegible] compagnon à large panse,
[illegible] en [illegible]
Qui est de [illegible] comme un [illegible]
Et [illegible], & sans sommeil,

[illegible]
[illegible]
Monsieur [illegible]
Mais soit ou en prose ou en rime,
Vous n'entendez pas mon Enigme.
[illegible]
[illegible]
Tenant son air [illegible]
Mais tout à coup de sa pochette
Tire un gros [illegible]
[illegible] d'amour
Immobile comme une souche,
Ouvrant les yeux serrant la bouche
Puis [illegible]
Le monstre aux Dames par pitié,
Le [illegible] fait de beaux [illegible]
Ces discours sont [illegible]
Apres cela l'on me fait voir
Un pied rond en couleur de noir,
Que [illegible]
Tiré de la coque d'un [illegible]
[illegible]
[illegible]

[illegible]
[illegible]
Faisant les choses à demy,
[illegible] à son amy
Donnant sa race pour monture,
Des animaux [illegible]
[illegible]
Qui pourtant ne le cognoist plus.
Lequel a une façon nouvelle,
Deux mouches, & une arondelle,
[illegible]
[illegible] par l'air
[illegible]
[illegible]
Depuis le soir jusqu'au matin.
[illegible]
[illegible]
[illegible]
[illegible]
[illegible]
[illegible]
[illegible]

[illegible]

TOMBEAV

De trois Courtisans.

[illegible]

SONNET.

Pour le Luth d'vne Da-moiselle.

[illegible]

SATYRE CONTRE VNE VIEILLE VEFVE.

Par le Sieur de Sigognes.

C'Est chose penible de me[illegible]
Mais il sied mal de medire
Des Dames, car vn braue cœur
Craint tousiours de blesser l'honneur.
[illegible]
Que ie dis contre [illegible]
Qui m'a donné [illegible]
I'en fais volontiers le serment,
[illegible]
Le desir [illegible]
[illegible]
Les Dents, les Rides, & les [illegible]

N'y [illegible] sa mesure,
N'estoient point [illegible]
Comme [illegible]
De sa [illegible]
Ceste Damoiselle est de taille,
D'un genet choisi pour bataille.
Haute, droite comme un sapin,
[illegible] comme un lapin,
La contenance fort mignonne,
Non de rien qu'on me la pardonne:
Je me trouvois prest de pecher
Sur la place sans demarcher.
L'appetit me prenoit de mordre:
Mais il se mit en grand desordre,
Helas! [illegible] à choir.
Hors que n'eus bonne [illegible]
Se [illegible]
Et des plus [illegible]
Ressembloit d'un bonnet Ducal,
Ou bien d'un Mitre Episcopal.
Mais [illegible]
[illegible] en la main:
[illegible] comme [illegible]

On ne peut plus ternir le fard.
Les peaux du visage ridees,
Comme vn chassis de dix annees,
Vn petit nez bouilly qui sent,
La seringue d'vn lauement,
Les sourcis de soye bruslee,
Les yeux d'vne chatte pelee.
Lampes dont l'huille qui s'espand,
Rend de l'esgoust son teint luysant,
Teint qui malgre le blanc d'Espagne,
Ressemble aux cuirs des gants d'O-
L'oreille plaine de bourbier, (caignes
Comme la boette d'vn barbier.
La bouche d'ou sort vne haleine,
Du Ruth des Cerfs aux bois d'Ardaine,
Les dents en fourches de fumier,
D'vn roux yuoire de damier,
Les leures cuittes & arides,
Comme vn cul pris d'Hemoroides.
Vne voix de petit cabril,
Qui quitte sa mere en Auril,
Vn menton de noix d'harbaleste,
Le col comme escorce de haystre,

[illegible] semblent tels aux nuits,
[illegible] talons comme vieux esteufs.
Pensez-il où l'homme est pris,
[illegible] gengede naïf rouffie,
[illegible]ge de grisle sans pain,
[illegible] os si peu qu'en rien de chair,
[illegible] ne vis pas dessous la fesse.
[illegible] ses bras & sa petite oye.
Mais les yeux de l'entendement,
[illegible] penetrent secrettement,
[illegible] y font encore mille veines,
[illegible] nerfs, pour muscles, & pour ant[illegible]
nes,
[illegible] se font [illegible] que vieux cabats,
[illegible] aux, ratines, & esballans,
Et pour charme des pucelles,
[illegible] estelles bottes sur anneés,
[illegible] archemens dont sur le cul,
[illegible] luy defendoit au pechl,
[illegible] seront les voyes du centre,
[illegible] est rigle point & le ventre.
On peut imaginer comment,
[illegible] est trop pres du fondement.

Vers [illegible]

C'est comme une [illegible]
Par où [illegible]
[illegible]
Un noir tuyau de cheminée,
[illegible]
Pour les [illegible] & les oyseaux,
[illegible]
Fourneau [illegible] forge,
[illegible]
[illegible]
Comme est pour [illegible]
Sans doute [illegible]
Ce vieux canal, ceste gouttiere,
[illegible] d'odeurs & de parfum,
Qui rendoit mort un homme à jeun
Distille tout le long des cuisses
Des monstrueuses immondices
De [illegible] de couleurs
Comme des [illegible]
[illegible]
[illegible]
[illegible]
[illegible]
[illegible]

Vn pochon de laict pour sa taille,
Pour les instruments ne luy chaille,
Car elle aura des matins,
De chaudrons & de bassins.
Elle sera dure & cruelle,
Si ma paix n'est faite avec elle.

STANCES SVR VNE IEVNE Courtisanne.

Par le sieur de Langendres.

Cognoissant vostre humeur,
Ie veux bien me resiouir,
Que passant vostre temps,
Avec tous les Amants, dont l'on est
seruie,
Vous les rendiez contens,

[illegible] mode de la Cour n'estant si bien
[illegible]gnes,
Pour vous le [illegible] court,
Qu'on peut viure en ce temps plus
chaste & jeusnes,
Auec tant de [illegible]
apprenez vos plaisirs & qu'il vous
soit possible,
D'en auoir bien à point,
[illegible] donnant tant d'amour, il seroit
impossible,
Que vous n'y [illegible] point
Mais puis que le peché point de bla-
me n'apporte,
Quand on le cache bien:
[illegible] seulement que nous [illegible]
en sorte,
Qu'on n'en [illegible] rien
Celle qui faict du mal, se peut dire in-
nocente,
En le [illegible] caché,
Mais quand on fait du mal, & que la
[illegible] en [illegible],

On fait grande [illegible],
D'y [illegible] dans [illegible]
[illegible] faire.
De peur d'en [illegible] bien
Demeurant en plein jour, ce que [illegible]
[illegible] faire.
Si [illegible] en pleine [illegible],
En le [illegible] ainsi [illegible]
Des [illegible] de la cour,
[illegible]
estimé.
De bien faire l'amour,
[illegible] les leçons [illegible]
[illegible].
[illegible]
[illegible]
[illegible].
Et pour [illegible] faire rien,
[illegible]
[illegible].
De quels [illegible]
[illegible]
[illegible].

Aux plus [illegible]
Qu'en [illegible] un amant, qu'on
mourant [illegible]
Sur vostre [illegible] col,
D'un [illegible] tremblement on [illegible]
A chasque [illegible]
Vostre [illegible] branle,
[illegible] que Silvie, [illegible] qui
vostre touche,
Gardez qu'en ce peché,
[illegible] libres discours par vostre
propre bouche,
Ne soyons [illegible],
Pourveu qu'on ne le [illegible], & qu'
renommée,
Ni vous [illegible] blasmant;
Soyez si vous voulez, tous les jours
fermée
[illegible] amans,
Mais [illegible] d'estre chaste
[illegible]
[illegible]
[illegible] qui [illegible]

pas croire,
De peur de vous hair.
Car i'enrage de voir qu'vn page vous apporte,
Si souuent le bon iour,
Pendant qu'vn autre encor' attend à vostre porte,
De vous voir à son tour,
D'vn dépit bien ardant, il faut que ie l'aduouë,
Ie me sens embrazer,
Voyant tous les matins encor' sur vostre ioue,
L'emprainte d'vn baiser,
Vostre lict plus foulé, qu'il ne déuroit paroistre,
Pour n'auoir que dormy,
Et vostre poil mellé, me fait trop recognoistre,
Les marque d'vn Amy,
Lors voyant loing de vous la honte estre bannie,
Ie deuiens si jaloux,

Vers satyriques.

Que ie voudrois mourir ; mais pour
vous voir punie,
Ne mourir qu'auec vous,
Couurez bien vos amours, sans crain-
dre que i'estime,
Qu'on se doiue fascher,
Ny que l'on puisse encor' vous repro-
cher vn crime,
Que vous pourriez cacher,
Que si ie vous surprends, me faisant
ceste iniure,
Vn iour à l'impourueu,
Soustenez qu'il est faux, iusqu'à tant
que ie iure,
De n'en auoir rien veu,
Car à lors resputant pour des songes
friuoles,
Tout ce qui sera faict,
Et demendant mes yeux, pour croire
à vos paroles,
Ie seray satisfait.

A DARETTE.

Vostre sot mignon vous abuse,
Contrefaisant l'homme de bien,
Qu'au diable soit la cornemuse,
Aussi bien ne vaut-elle rien.

A Perrette.

Il n'a, ditte-vous, la façon,
De n'estre ny chair ny poisson,
Vous vous trompez ce me semble,
Pour vn homme de bon cerueau,
Il est chair & poison ensemble,
Estant Cocu, & Maquereau.

D'alix.

Alix auoit aux dents la mal-rage,
Et ne pouuoit ce grãd mal plus souffrir
Son amy vint, qui en peu de langage,
Incontinant luy promit de guarir,
Disant, ie sçay tout le mal que tu sens,
Rage d'amour, passe le mal des dents.

EPIGRAMME.

Monsieur l'Abbé, & Monsieur son
valet,
Sont fait égaux, tout deux comme de
cire,
L'vn est grand fol, l'autre petit follet,
L'vn boit du bon, l'autre ne boit du
pire,
Mais vn debat au soir entr'eux sément
Car maistre Abbé, toute la nuict ne
veut,
Estre sans vin, que sans secours ne
meure,
Et son valet iamais dormir ne peut,
Tandis qu'au pot vne goute en de-
meure.

D'VNE ESPOVSEE:

LA nuict premiere vne épousee,
Pour mieux receuoir la rosee,
Remuant fort soubs son époux,
Disant fais-ie pas mieux que vous,
Trop, qu'au grand diable fusse tous,
Ceux qui t'ont apris l'vsage,
Adieu ie n'en suis point ialoux,
Retourne à ton apprentisage.

QVATRAIN:

ANne & son petit fils, sont beaux
comme le iour,
Mais d'vn œil chacun a perdu la lu-
miere,
Beau fils donne c'est œil, qui te reste à
ta mere,
Elle sera Venus, & toy l'aueugle d'a-
mour,

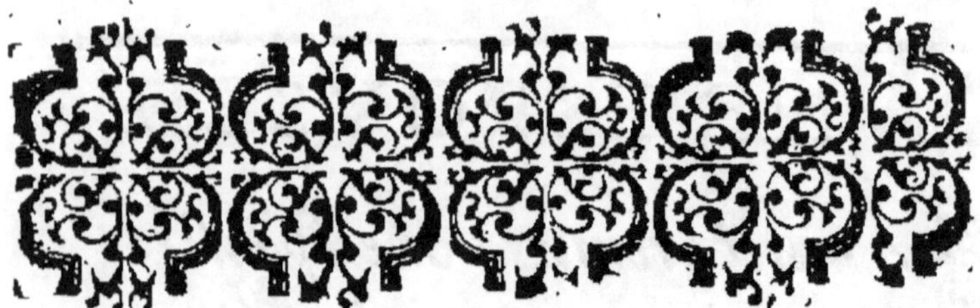

SATYRE.

SVR LE CHAPPEAV d'vn Courtisan.

OSez-vous encore paroistre,
Chappeau plus vieux que vostre maistre
Et presque aussi pelé que luy,
Pour changer, & de forme, & d'estre,
On ne vous sçauroit mécognoistre,
Il vous à trop porté mes huy.

Cette grande & vilaine tache,
Où l'on applique le panache,
Pour couurir la difformité,
Témoigne sans que l'on le sçache,
Que ce bon Seigneur qui la cache,
A son argent fort limité.

Grande est l'amitié qu'il vous porte,

Ou la necessité bien forte:
Puisqu'il vous conserue si cher,
Si tous en vsoient de la sorte,
Cotart pourroit fermer sa porte,
Ou n'estre desormais si cher.

Ie sçay chappeau de haute gresse,
Que si l'on tire la Noblesse,
D'vne moisie antiquité,
Qu'on vous peut donner de l'altesse,
Veu la venerable vieillesse,
Que marque vostre dignité.

On lict en vostre matricule:
Qu'au temps du premier Pape Iule,
Vous vintes de Rome à Paris:
Ie suis quelquefois incredule:
Mais vostre forme ridicule,
Me fait croire ce que ie dis.

Vous estes ce chappeau antique,
Le vieil rebut d'vne boutique,
Et plus souffleté qu'vn esteuf,
Que vostre maistre peu pratique,
En sa ieunesse magnifique,
Acheta pour estre tout neuf.

Si dit-on toutefois à l'heure,
Vous portiez l'onziesme doubleure:
Apres estre onze fois reteint,
Et depuis ce temps on asseure,
Que vostre maistre à l'encouleure,
D'estre plutost simple que feint.

Le mesquin outre l'indigence,
Qui luy fait craindre la despence,
N'a depuis eu autre chapeau,
A fin que vostre preéminence,
Fut l'acte de sa preferance,
Aux cabarests & au bordeau.

D'une vtile Metamorphose,
Vous le seruez en manieres chose,
Comme bon luy semble, & luy duict,
Le iour en veuë il vous expose,
Et lors qu'au lict il se repose,
Vous estiez son bonnet de nuict.

Il n'a pour parler ny escrire,
L'an du salut ny de l'Egire:
Ains aux Millisime nouueau:
Car il est coustumier de dire,
Pour exprimer ce qu'il desire,

Depuis l'an que i'ay ce chappeau.

Vous luy seruez de repertoire,
D'Almanach, d'Annale, & d'Histoire,
En ses discours embarassez,
Et souuent auec moins de gloire,
D'hanac, & de tasse pour boire,
Lors que ses vers sont cassez.

Chappeau digne de grand' loüange:
Puis que souple au change & rechãge,
Ses forces ne resistent point,
Soit caré, soit pointe, ou l'osange,
Au ply de son maistre il se range:
Sans se plaindre quand on le point.

A lors que le vent le secouë,
A son maistre il frotte la iouë,
Au preiudice du rabat,
Et lors qu'à la pluye il se iouë:
Ainsi qu'vn vieux chapon qui nouë,
Ses foibles aisles il rabat.

C'est vous de qui la trogne fiere,
Sur vn homme de cheneuiere,
Espouuenteroit les oyselets,
Et qui reuiennent en lumiere,

Faites mentir mainte frippiere,
Sous les voutes des Chastelets.
Si vostre maistre mal habille,
Par fois vous porte par la ville,
Quand la pluye coule du toit,
L'eau vous dissout, & rend l'abille,
Et la teinture qui distille,
Sur ses habillemens paroit.
On cognoist bien à vostre mine,
Que vous fustes de laine fine,
En vostre premiere saison:
Mais le temps qui consomme & mine,
Vous passant par son étamine,
A fort pelé vostre toison.
La teigne qui prend nourriture,
De la laine, & de la teinture,
Ne vous peut desormais ronger,
Dans vostre crasse & pourriture,
Elle trouue sa sepulture,
Et s'estouffe au lieu de manger.
Les regrateurs par leurs archiues,
Nous confinent par traditiues,
De peres en fils iusqu'à nous:

Nous montrant par raison fort viues,
Les nous, les drogues, & les ciues,
Dont il tirent profit de nous.
Vostre tache iamais n'aquoise:
Car la bizare humeur Françoise,
Vous monte & remonte à tous coups,
Tantost bas à la mode Angloise,
Et ores haut à l'Albanoise,
On vous rend amiable & doux.
Le cordon constant & fidelle,
Ne peut d'vne forme nouuelle,
Changer selon les accidents,
Helas! aussi la fin l'appelle,
Et rongé iusqu'à la ficelle,
Il ne monstre plus que les dents.
Ceux de qui la veine fecconde,
Ont mis chausse & pourpoint au mõde,
Et vn manteau si houspillé:
Sans ce chappeau qui les seconde,
Oyroit maints Courtisans qui gronde,
De se voir si mal habillé.
Pour vous parer vn iour de feste:
Depuis les pieds iusqu'à la teste,

Vers satyriques.

Nobles qui reluisez en Cour,
Tous ces harnois ie vous souhaitte,
Et ce chapeau sur vostre teste,
A chacun de vous à son tour.

EPIGRAMME.

IE la void digne d'excuse:
Si par force elle s'amuse,
De parler de la vertu,
Dont Platon fut reuestu:
Car à bien compter son âge,
Elle peut auoir ioüé du cu:
Auec ce grand personnage.

QVATRAIN.

FEmmes ne sont que tourment:
Au moins iamais les meilleures,
Nuire iamais que deux bõnes heures,
La nopce & l'enterrement.

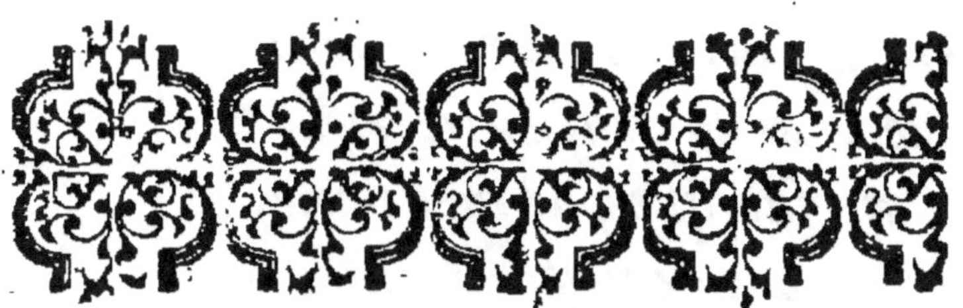

STANCES: POVR VNE COVRTISANNE.

Par le Sieur Motin.

PVis que le cordage est défait,
Qui long temps m'auoit peu contraindre:
I'ay si peur d'estre satisfait,
Que mesme ie n'ose m'en plaindre.
Quoy me plaindre, ou bien me facher,
C'est auoir le goust aussi fade,
Qu'vn qui se plaindroit d'auoir cracher,
L'humeur qui le faisoit malade.

Car ce ne fut amour ny chois:
Il n'en faut pas faire la fine:
Si ie vous ay veuë autrefois:
Ce ne fut que par medecine,
Et iour de vostre beauté,
Ce n'est pas fortune qui vaille,
D'en tirer plus de vanité,
Que cracher contre vne muraille.
Ny vostre amour aura gagné,
Ne m'en mettra point en colere,
Non plus que s'il s'estoit bagné,
Aupres moy dans vne riuiere.
Allez aimez qu'il vous plaira,
Que vostre amour se manifeste:
Mais celuy qui vous aimera,
Ne sçauroit auoir que mon reste.

QVATRAINS DIVERS.

Par le Sieur Regnier.

SY par des maux nous font la guerre,
Vous voulez guarir desormais:
Il faut aller en Angleterre,
Où les loups ne viennent iamais.

Ie n'ay peu rien voir qu'il me plaise
Dedans les Psalmes de Marot:
Mais i'aime bien ceux de Beze,
En les chantant sans dire mot.

Ie croy que vous auez fait vœu,
D'aimer parent, & la parente:
Mais puis que vous aimez la tante,
Espargnez au moins le nepueu.

Amour est vne affection,
Qui par les yeux dans le cœur entre:

Puis par une defluction,
S'écouler par le bas du ventre.
Le violet tant estimé
Entre vos couleurs singulieres,
Vous ne l'auez iamais aymé,
Que par les deux autres premieres.
Le Dieu d'Amour se pourroit paindre:
Aussi grand comme vn autre Dieu,
N'estoit qu'il suffit d'attaindre,
Iusqu'à la piece du milieu.
Ceste femme à couleur de bois,
En tout temps peut faire potage:
Car dans sa manche elle a des pois,
Et du beurre sur son visage.

QVATRAIN.

Vous estes fort humble & courtoise
Ie le confesse auecque vous,
Voyez vous l'estes tant Françoise,
Que vous vous sous-mettiez à tous.

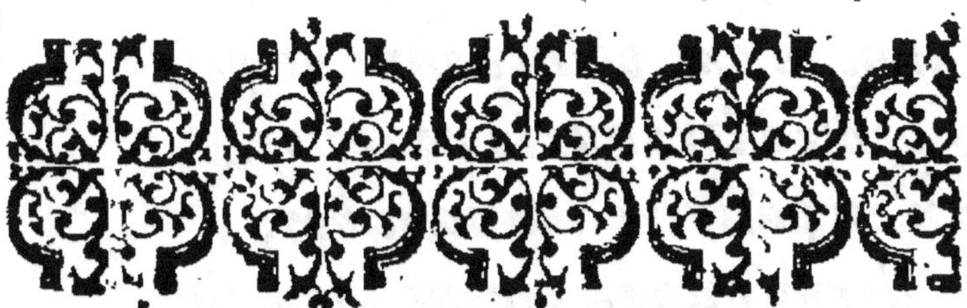

STANCES:
A LA BELLE LOVYZON.

Par le Sieur Motin.

QVi vit iamais embrassement,
Egal à mon feu vehement,
Dessus tous les monts de Scithie,
Quand à moy ie ne le sent point:
Mais on dit que i'en suis époint:
Sans nommer en quelle partie.

Si ie n'en ay point de douleur,
C'est que l'amoureuse chaleur,
Dans mon ame est fort trempee,
Mes feux sont beaux d'estre ainsi lēts:
Car s'ils estoient plus violents,
Ils en auroient moins de duree.

Ie suis la merueille des cœurs,

Tant ie resiste à leurs rigueurs,
Qui ne m'ont point donné de peine:
I'y pense à lors que ie vous voy,
Et n'en puis rire quand ie boy,
Ny dormir quand ie me promeine.
Ie suis à vous tant adonné,
Qu'apres auoir assez disné,
Ie ne puis, ny manger, ny boire:
Assis comme les Presidents,
Prés de vous ie cure mes dents,
Et ne vous puis dire que voire.
Ne disans rien ie pers la voix,
Les bras pliez les pieds en croix:
Ie montre mon inquietude,
D'estre si fort las ie me plais,
Qu'au Louure, aux Sermõs, au Palais:
Ie vay chercher la solitude.
Pour vous aupres d'vn mouuemẽt:
Ie n'ay point de contentement,
Ny de beau tẽps pourueu qu'il pleuue,
Pour vous en public me cachant:
Ie vous vas par tout recherchant,
Et par tout ainsi ie me treuue.

Pour vous le Soleil m'est soleil,
Vous auez vn pouuoir pareil,
A ceste lumiere ordinaire,
Et tellement vous m'allumez,
Qu'alors que i'ay les yeux fermez,
Vostre œil comme vn soleil éclaire.

Mais si parmy l'obscurité,
I'vse de quelqu'autre clarté,
Belle, n'en soyez point esmuë,
Pour écrire au iour de vos yeux:
Sans autre lumiere que mes deux:
Ie n'ay pas assez bonne veuë.

Ie ne laisse pas d'adorer,
Leurs rets qui me font souspirer,
Pour eux la teste la premiere:
Ie me serois precipité:
Si nous auions desia esté,
Tout nud dedans vne riuiere.

Vos yeux, mes astres tous puissans,
Sont cause du mal que ie sens:
Si i'en ay, c'est leur seule faute,
Non des Cieux qui n'y pensent pas,
Sur moy qui n'aspire qu'au bas,

Que peut vne chose si haute.

I'yrois au milieu des dangers,
Au milieu des loups bocagers,
Parmy les Lyonnes lubriques:
La mer entre-deux m'exposer,
En esprit i'yrois m'oposer,
Pour eux au fer de mille piques.

Mais vostre courage si franc,
N'aime point le sang s'il n'est blanc
L'homicide vous est vn vice,
Et quand ie me garde pour vous:
Ie vous garde l'amant plus dous,
Qui iamais vous fit sacrifice.

Aymons-nous donc iusqu'à la mort:
Ie void que vous vous aymez fort,
Ie n'aime d'amitié plus grande,
Pour à iamais vous vnir bien:
Ie ne vous demanderay rien,
Vous m'accorderez ceste demande.

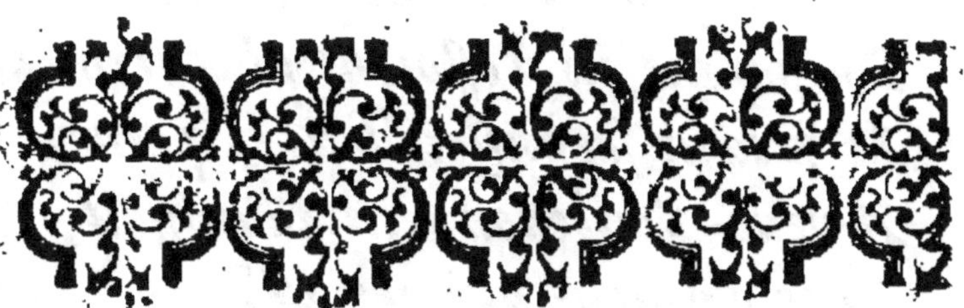

ODE:
SVR LA BANISSION D'AMOVR.

Par le Sieur Regnier.

Jamais ne pourray-je banir,
Hors de moy l'ingrat souuenir,
De ma gloire si tost passee:
Tousiours pour nourrir mon soucy,
Amour cest enfant sans soucy,
S'offrira-t'il à ma pensee.

Tyran implorable des cœurs,
De combien d'ameres langueurs,
As-tu touché ma fantasie,
De quel maux m'as-tu tourmenté,
Et dans mon esprit agité,
Que n'a point fait de ialousie.

Mes yeux aux pleurs accoustumez
Du somme ils n'estoient plus fermez,
Mon cœur fremissoit sous la peine,
A veuë-d'œil mon teint iaunissoit,
Et ma bouche qui gemissoit,
De souspirs estoit tousiours pleine.

Aux caprices abandonné:
I'allois d'vn esprit forcené;
Mais la raison ceddant à la rage,
Mes sens des desirs emportez,
Flottoient confus de tous costez,
Comme vn vesseau par l'orage.

Blasphemant la terre, & les Cieux:
Mesme ie m'estois odieux,
Tant la fureur troubloit mon ame,
Et bien que mon sang amassé,
Au iour que mon cœur fut glassé,
Mes propos n'estoient que de flame.

Pensif frenetique & resuent,
L'esprit troublé, la teste au vent,
L'œil hagard le visage blesme:
Tu me fait tous maux esprouuer,
Et sans iamais me retrouuer,

Ie m'allois cherchant en moy-mesme.
Cependant lors que ie voulois:
Par raison enfraindre tes lois,
Rendant ma flame refroidie,
Pleurant i'accusay ma raison,
Et trouuay que la guarison,
Est pire que la maladie.
Vn regret pensif & confus,
D'auoir esté, & n'estre plus:
Rend mon ame aux douleurs ouuerte,
A mes despens, las! ie voy bien,
Qu'vn bon-heur, cõme estoit le mien,
Ne se cognoist que par la perte.

QVATRAIN:
A LA BELLELIZE.

Pourquoy me dittes-vous, quand ie suis en humeur,
Que de perdre l'honneur, la crainte vous transporte,

Lors que ie boucheray le trou de vostre honneur,
Vous n'auez pas suiect de craindre qu'il en sorte.

TOMBEAV:

D'vne vieille Courtisanne.

SOus ce large Tombeau gist l'impudicque cendre,
De la plus grande Deesse qui ait iamais esté,
Pluton pour s'en seruir l'a fait l'ha descendre:
D'autant qu'il blutoit en asne debasté.
O toy, cocu passant, si quelque enuie lubrique,
Des plaisirs de Venus te sment auenement,
Arreste vn peu icy, & viens blanc la pique,

Ou bien

Ou bien à tout le moins pisser au tum-
ément.
Elle souloit en son temps tousiours
tenir échollé,
Où s'alloit exerçant tous bons ioüeurs
de, &c.
Mais helas! à la fin la puante verolle,
Au regret des bluteurs le monde la
rauit.

D'VN FILS DE PVTAIN QVI SE DISOIT GENTIL-homme.

IL se dit Gentil-homme, estant
fils de putain,
Et voicy le suiet, où sa Noblesse il
fonde,
Que sa mere blutant auec tout le
monde,
L'a bien peu faire Noble, aussi tost
que vilain.

Epigramme.

VN compagnon par charité,
Fourbissoit le bas d'vne Dame,
Et la Dame de son costé,
Leuoit le cul pour sauuer l'ame:
Elle se pasme de plaisir?
Quand elle eust fait mainte briscole,
Et s'écrie, helas! mon desir,
Sauuez-moy, mon ame s'enuolle:
Luy qui la voyoit aux abois,
Immobille comme vne souche,
Pour fermer deux trous à la fois,
Luy mit la langue dans la bouche:
Beaux yeux remplis d'appas,
Mettez toute crainte en arriere,
Vostre ame ne s'enfuira pas:
Si vous bouchez bien le derriere.

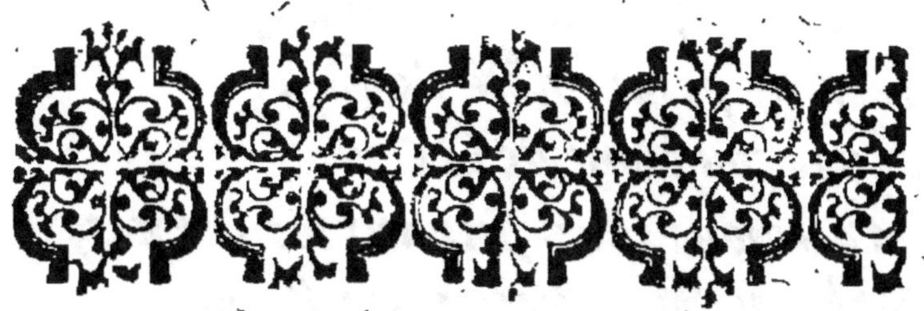

GAVSSERIE D'VNE DAME SVR VN Courtisan.

Par le Sieur de Sigognes.

Pourceau le plus cher d'Epicure,
Qui contre les loix de Nature,
Tournez vos pages à l'enuers,
Et qui aux chesnes du vice,
Vous plongez dedans les delices:
I'ay du Limbe entendu vos vers.
Vous dites que i'ay fait la poulle,
Et des Dames fendu le foulle,
De mon maistre le messager:
Mais vostre courage de verre,
Vous rend vne poulle à la guerre,
Et vn lieure dans le danger.

Vers satyriques.

Si i'ay fait à amour le message:
Ie n'ay point violé l'vsage,
Ny la coustume de la Cour:
Mais vous allez suiuant les Dames,
Et bruslant d'execrables flames,
Aux hommes vous faites l'amour.

Quittez vostre inutile espee,
Qui ne fust oncque au sang trempee,
Dont le nom vous fait tant de peur:
Suiuez le destin de vostre ame,
Prenez la robbe d'vne femme:
Puis que vous en auez le cœur.

Valet aux gages de pauces,
Vous r'amenez Sodome en France,
Qui en doute vous fait grand tort,
Vous tremblez au seul bruit des armes
Mourant de frayeur aux allarmes,
Et vous brauez vn homme mort.

Du Limbe toute l'assemblee,
De vos lubricitez troublee,
Vous prie de vous conuertir:
Sinon Dieu qui brusla Gomorre,
Vous en fera sentir encore,

Le suplice, & le repentir.
Dauphin des Citez abismee.
Par l'ire du Ciel enflamee,
Aux vieux siecles de l'âge d'or,
Venez aux maisons criminelles,
De l'enfer regner dessus-elles,
Vous, & vostre beau Melleflor.

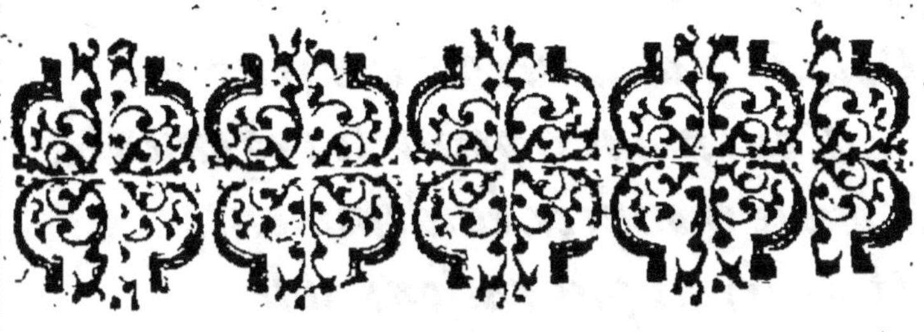

ODE: CONTRE VN IALOVX, SOT, ET fascheux.

Par le Sieur Trelon.

MAry qui tenez sans raison,
Ma belle maistresse en prison:
Qu'auez-vous resolu de faire,

Vous pensez qu'elle m'aime fort:
Pourquoy luy faites-vous ce tort,
Elle m'est tousiours si contraire.
D'où vous peut venir ce couroux,
Qui vous fait mal penser de vous:
Pourquoy nous donnez-vous ce blâme
Qui vous fait estre si ialoux:
Depuis que ie vous aime, vous,
Doi-ie pas aimer vostre femme.
Vous n'auez point de iugement,
Vous le monstrez euidemment,
Il ne seroit pas raisonnable,
Qu'ayant en vous tout mon cœur mis,
Ie n'aimasse aussi vos amis,
L'astre ne m'en seroit pas loüable.
Mary ne faites pas le sot:
Croyez-moy, il n'y a qu'vn mot,
Monstrez-luy tousiours bon visage:
Tant plus vous l'emprisonnerez,
Plus de suiet vous luy donnerez,
De faire encore d'auantage.
Redonnez-luy sa liberté
Ne soyez plus si esuenté

Ne croyez rien que l'on vous die:
Ce ne sont que des médisans,
Qui vous ont fait perdre le sens,
Et vous feront perdre la vie.
Vostre femme est femme de bien,
Et puis, quand il n'en seroit rien,
Pource penseriez-vous moins estre?
C'est vn ieu remply de hazard,
Ce n'est pas peu d'estre Cornard,
On se fait de chacun cognoistre.

TOMBEAV:

D'vne ieune Courtisanne.

DEnize d'vn chacun ploree,
Repose dessous ce Tombeau,
Qui au doux ieu de Cytheree,
Consomma son âge plus beau,
Et s'addonnant à l'exercice,
Elle commença dés huict ans:

Auec vne douce malice,
De rendre ses amans contans:
Si ioüant tousiours ceste farce,
Elle eust plus longuement vescu,
C'eust esté la plus docte Garce,
Qui donna iamais coup de cu.

AVTRE.

VN homme gist sous ce tombeau,
Qui ne fut vaillãt qu'au bordeau
Mais au reste plain de diffame,
Ce fut pour vous le faire cour,
Vn Mars au combat de l'Amour,
Au combat de Mars vne femme.

DE FREDEGONDE.

VOus auez bon-temps de médire:
Auec vos discours importuns,
Que ie fasse des lieux communs,

Pour vous apprendre à bien écrire?
C'est vous, ô belle Fredegonde,
Par qui tout discours s'embellict,
Et qui faites de vostre lict,
Le lieu commun de tout le monde.

SONNET:

A Jacquette la noire.

CHef-d'œuure de nature: ensemble belle & noire,
Vous estes icy bas, comme vn monstre d'amour,
L'Aurore vous voyant retarde son retour,
Et vostre hebeine efface, & le pourpre, & l'iuoire.
Les vieux ans n'ont point veu rien si digne de gloire,

Que vous, belle, mon bien, mon amoureux sejour,
De l'autre tenebreux, iallit l'astre du iour,
Et d'vn charbon obscur, la bruleure est notoire.
De celle qui me sert, seruiteur ie deuien,
Portant autour du cœur, le noir pour mon lien,
Sans qu'vne main de marbre, à iamais le desface.
Mais d'où naist ce Soleil? pour ta honte Soleil,
Il est né toutefois, Soleil qui dans sa face,
Porte vn ombrage affreux, & la nuict en son œil.

EPIGRAMME.

D'VN NOUVEAU marié.

SY l'on te rend en verité,
Ce qu'aux autres tu as presté,
Par mensonge & par apparence,
Mignon de musque, & d'ambre-gris,
Ton front desormais sera pris,
Pour une corne d'abondance.

AVTRE.

CE mignon de qui la moustache,
Est si haute, à l'engin si bas,
Que pour l'ambre & pour la pistache,
Seulement il ne dresse pas.

EPIGRAMME.

VN iour le bon vieillard Thibaut,
Encore vaillant de sa personne,
Ayans le catse & le cul chaut,
Fourbisoit la belle Alizonne:
Or, comme le galland l'enconne,
Luy dit d'assez bonne façon,
Vrayement mignonne, ie m'estonne,
Que vous n'auez du poil au fron,
Lors en grondant comme vn cochon,
La belle répondit toute émuë:
Hé! qu'est-il besoin de bouchon,
Ou la tauerne est bien cognuë.

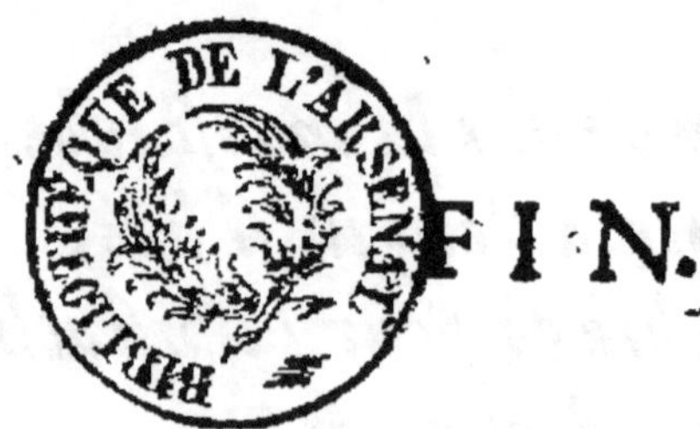

FIN.

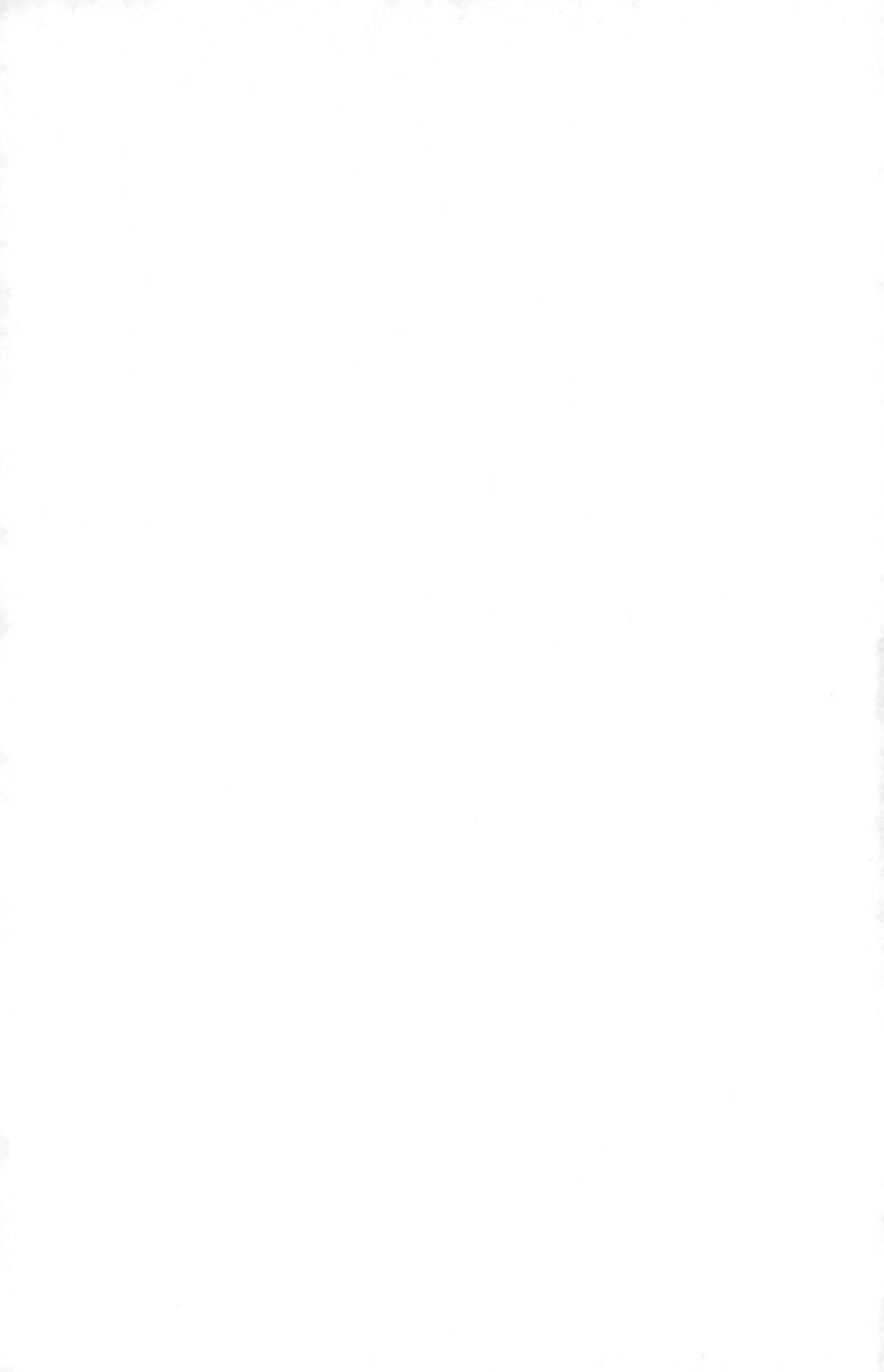

www.ingramcontent.com/pod-product-compliance
Lightning Source LLC
LaVergne TN
LVHW010830120826
845149LV00016B/246

* 9 7 8 2 0 1 4 5 1 0 3 2 4 *